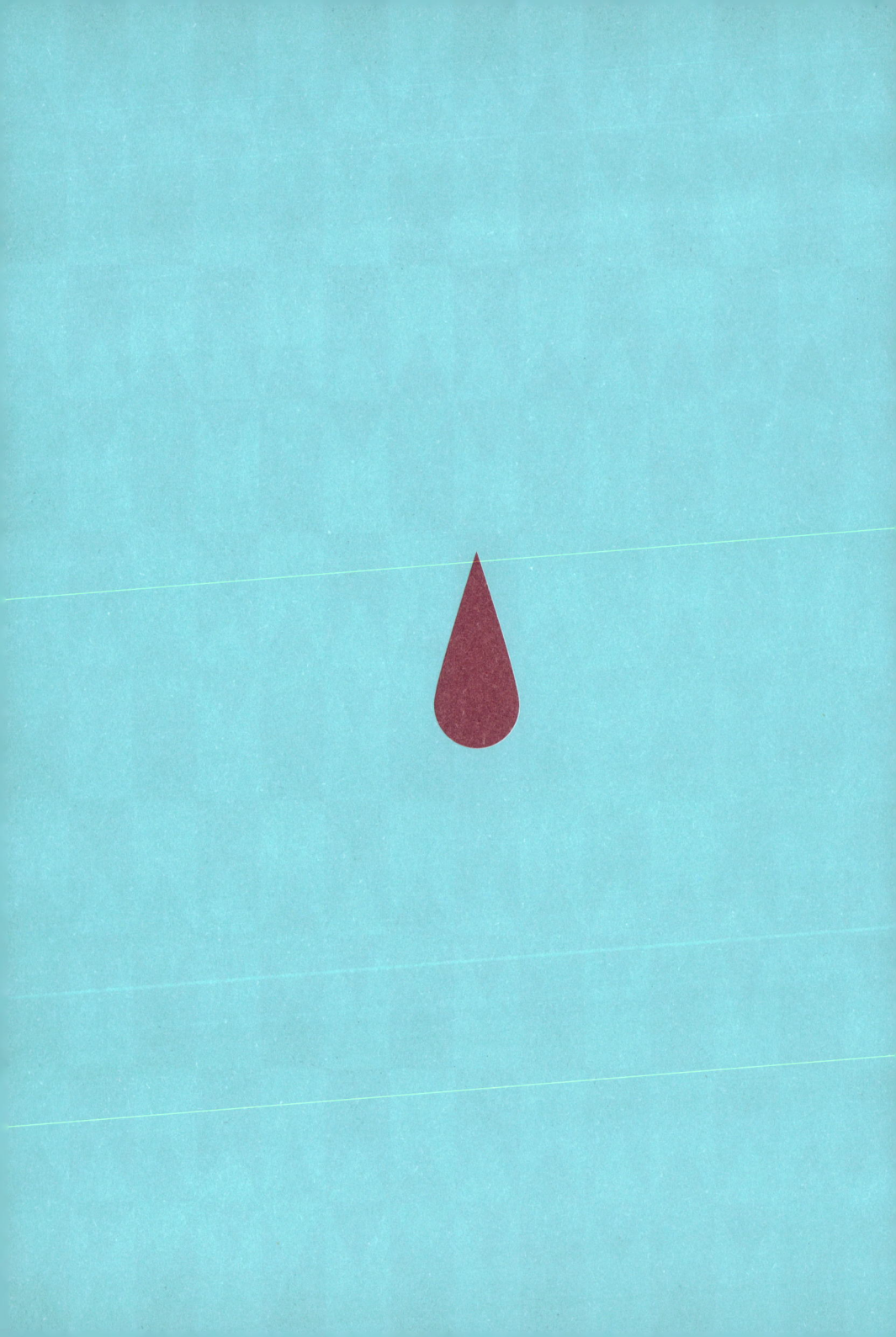

에드워드 사이드 선집
04

펜과 칼

국립중앙도서관 출판시도서목록(CIP)

펜과 칼 : 침묵하는 지식인에게
/ 에드워드 사이드, 데이비드 버사미언 지음 ; 장호연 옮김
-- 서울 : 마티, 2011
p.200 ; 152×210㎜. (에드워드 사이드 선집 ; 04)

원표제: Pen and the sword
원저자명: Edward Said, David Barsamian
"팔레스타인-이스라엘 분쟁 연대표"와 색인수록
영어 원작을 한국어로 번역
ISBN 978-89-92053-51-8 94900 : \15000
ISBN 978-89-92053-50-1(세트) 94000

801-KDC5
801.95092-DDC21

CIP2011004403

에드워드 사이드 선집
04

펜과 칼

the PEN &
the SWORD
:침묵하는 지식인에게

에드워드 사이드
데이비드 바사미안 지음
장호연 옮김

차례

감사의 말	8
추천의 글	9
1 팔레스타인 망명의 정치와 문화	17
2 오리엔탈리즘 다시 읽기	31
3 문화와 제국주의	53
4 이스라엘 - PLO 협정: 비판적인 평가	91
5 팔레스타인: 역사의 배신	123
1994년 초판 서문	146
2010년 개정판 서문	156
옮긴이의 글	166
팔레스타인 분쟁의 역사	172
팔레스타인-이스라엘 분쟁 연대표	176
찾아보기	180

※ 모든 주는 옮긴이 주입니다.

감사의 말

1979년에 나는 콜로라도 볼더의 라디오 방송국 KGNU에서 동양 음악을 소개하는 주간 프로그램 「갠지스에서 나일까지」를 제작하고 있었다. 당시 에드워드 사이드의 『오리엔탈리즘』 *Orientalism* 덕분에 프로그램의 정치적·문화적·역사적 틀을 잡는 데 큰 도움을 받았다. 그 프로그램을 그만둔 뒤에도 사이드는 계속해서 나의 작업에 든든한 바탕이 되었다. 내가 마침내 그를 만난 것은 1987년 뉴욕 이스트사이드의 한 학교에서 열린 강연회에서였다. 며칠 뒤에 우리는 첫 번째 인터뷰를 했다. 그가 기대에 찬 표정으로 "좋은 질문 있어요?" 하고 물었던 기억이 난다. 그 이후로 우리는 질문과 대답을 계속 주고받았다. 이 책에 실린 인터뷰 가운데 몇몇은 얼터너티브 라디오*를 통해 미국 전역과 전 세계로 방송되었다. 모두 뉴욕에서 만나 녹음한 것이며, 마지막 인터뷰만 전화로 진행했다.

이 책을 위해 격려와 조언과 제안을 아끼지 않은 H. 아람 베서와 자이네브 이스트라바디, 그리고 녹취 테이프를 원고로 정리해준 샌디 애들러에게 감사의 말을 전한다.

에크발 아흐마드는 무척 고맙게도 이 책을 위해 서문을 써주었다. 나의 삶에서 각별한 의미를 지니는 망명과 추방이라는 주제 때문에 에드워드 사이드에게 느끼는 내 감정은 특별할 수밖에 없다. 애정과 존경을 담은 감사의 마음을 그에게 전한다.

데이비드 버사미언
볼더, 콜로라도
1994년 6월

얼터너티브 라디오 Alternative Radio: 버사미언이 제작을 맡고 있는 매주 1시간 방송되는 시사 라디오 프로그램.

추천의 글: 오슬로 협정 이후의 팔레스타인

이 평화협정은 냉전체제가 무너진 상황에서 국제사회의 심각한 분쟁을 협상으로 해결할 수 있다는 가능성을 보여주었다. (…) 그에게는 땅을 내주고 평화를 얻어 보려는 라빈 수상과 타협하는 것만이 유일한 돌파구였다.

앞의 글은 지금은 정치인으로 더 유명한 유시민의 『거꾸로 읽는 세계사』 가운데 '거부하는 팔레스타인'이란 글의 한 구절입니다. 유시민은 1993년 이스라엘과 PLO가 체결한 오슬로 협정이 평화를 위한 협정이었으며 이스라엘 총리인 라빈은 땅과 평화를 교환하려 했다고 설명합니다.

본 것과 보지 못한 것
1987년 12월, 팔레스타인인들은 가자 지구와 서안 지구에서 인티파다(민중항쟁)를 일으켰고 해를 거듭하며 투쟁을 계속했습니다. 이스라엘은 군대를 동원해 탄압에 나섰지만 물리력 중심의 점령 방식에는 한계가 있음을 알게 되었습니다. 그래서 이스라엘은 팔레스타인인을 이용하여 팔레스타인인을 억압하는 새로운 방식을 선택합니다. 이스라엘 내부적으로는 침체된 경제 상황을 극복하기 위해 아랍 자본을 끌어들일 필요했으며, 이를 위해서는 이스라엘에 대한 반감을 누그러뜨릴 무언가를 만들어야 했습니다. 미국은 미국대로 이라크 침공과 경제봉쇄로 크게 나빠진 중동지역 여론을 무마하기 위한 카드가 필요했습니다. 이런 이스라엘과 미국의 요구에 맞춰 태어난 것이 바로 오슬로 협정입니다. 땅과 평화를 교환했다는 선전과 달리, 이스라엘은 이 협정을 통해 여전히 그 땅을 지배하면서 '평화의 이미지'까지 얻을 수 있었습니다. 세계인들이 본 것은 백악관에서 열린 화려한 축하잔치와 노벨상 수상식이었으며, 세계인들이 보지 못한 것은 협정 내용과 팔레스타인의 현실이었습니다.

많은 사람들은 오슬로 협정 이후 이스라엘이 서안 지구와 가자 지구에서 군대를 철수시켰을 거라 생각했습니다. 하지만 협정문에는 이스라엘군을 '철수한다'가 아니라 이스라엘군을 '재배치한다'라고 되어 있습니다. 이스라엘군은 팔레스타인 도시와 마을 외곽에 주둔하면서 수시로 드나들었습니다. 팔레스타인 활동가들을 체포·구금하는 일이 예전에는 이스라엘군의 몫이었지만, 협정 이후에는 미국과 이스라엘의 요구에 순응하는 팔레스타인 자치정부 소속 군과 경찰도 이 일에 나서게 되었습니다.

팔레스타인인에 대한 봉쇄와 통제도 더욱 강화되었습니다. 이스라엘은 가자 지구 주변에 철조망을 치기 시작했고 외부로 이동하려는 사람들에게 특별 허가를 받으라고 했습니다. 또 가자 지구와 서안 지구 곳곳에 검문소 설치가 본격화 되었으며 검문소를 통해서만 다른 곳으로 이동할 수 있도록 했습니다. 검문소는 사람뿐만 아니라 각종 물자의 이동을 차단·통제하고 수배자들을 체포하는 데 이용되기도 합니다. 팔레스타인인들의 저항이 일어나면 이스라엘은 수백 개의 검문소를 닫아걸고 일터·병원·학교 등 생활에 필요한 장소로의 이동을 가로막았습니다.

팔레스타인의 경제 상황 또한 더욱 나빠졌습니다. 이스라엘 기업과 경쟁 가능성이 있는 기업의 설립은 거부되었고, 팔레스타인 노동자들은 매일같이 검문소를 오가며 이스라엘 기업에 값싼 노동력을 제공했습니다. 반대로 이스라엘 기업은 가자 지구와 서안 지구를 자신들의 주요 상품 판매처로 만들었습니다. 팔레스타인 자치정부는 자립성을 갖추지 못한 채 미국이나 유럽, 아랍 국가들의 원조를 받아야 겨우 유지할 수 있는 상황이었습니다. 흔히 알려진 것처럼 협상을 통해 분쟁을 해결한 것이 아니라, 평화 협상이라는 허울을 쓰고 오히려 점령을 유지·강화한 것입니다.

평화에 대한 기대는 점점 실망과 분노로 바뀌어 2000년 9월에는 알 아크사 인티파다(2차 민중항쟁)가 시작되었습니다. 이스라엘 군인들은 탱크와 비행기를 동원해 진압에 나섰으며 팔레스타인인들은 돌을 던지고 총을 쏘며 저항했습니다. 거리에서 시위를 벌이거나 해방운동에 참여했다는 이유만으로 두들겨 맞고 체포되었고, 감옥에서 고문으로 사망하는 일까지 벌어졌습니다. 2000년 9월부터 2008년 12월 가자전쟁이 일어나기 전까지 이스라엘군은 4,800여 명의 팔레스타인인을 살해했습니다. 이 당시 가자 지구와 서안 지구에는 약 400만 명의 팔레스타인인이 살고 있었습니다.
2002년부터는 서안 지구 팔레스타인인 거주지 주변에 콘크리트와 철조망 장벽을 설치하기 시작했습니다. 장장 723킬로미터에 달하는 장벽 건설을 계획했고, 2011년 현재까지도 공사가 계속되고 있습니다. 팔레스타인인들의 토지를 빼앗고 거기에 이스라엘 민간인들을 이주시키는 점령촌*도 지속적으로 확대되고 있습니다. 2008년 약 240만 명의 팔레스타인인들이 사는 서안 지구 안에 약 48만 명의 이스라엘 점령민이 살고 있습니다. 팔레스타인 마을 바로 곁에 있는 점령촌을 지킨다는 명분으로 군대를 배치하고, 군인들은 수시로 팔레스타인인들에게 사격이나 폭행을 가합니다. 군인들뿐만 아니라 점령민들도 무장을 하고 있어 이들이 팔레스타인인들을 괴롭히는 일도 많습니다. 점령촌과 점령촌을 잇는 도로도 만들었습니다. 이 도로는 이스라엘인들만 사용할 수 있어서 팔레스타인인들은 이 도로를 피해 먼 길을 돌아가야 합니다. 팔레스타인 지도에 검문소와 장벽, 점령촌과 이를 잇는 도로를 그려 넣어

점령촌: 이스라엘이 무력을 앞세워 강제로 점령하고 자국민을 이주시킨 마을이라는 의미에서 점령촌이라고 부른다. 본문에서는 정착촌이라고 했는데 같은 것을 가리킨다.

보면 팔레스타인인들은 사방이 가로막히고 고립된 채 이스라엘 군인들이 감시하는 감옥 속에서 살고 있다는 것을 알 수 있습니다.

팔레스타인인은 우물 하나 마음대로 팔 수 없습니다. 땅 위에 흐르는 물이든 지하에 있는 물이든 모든 물은 이스라엘이 통제하고 있습니다. 이스라엘인과 팔레스타인인에게 물 공급량을 달리하는 것은 물론이고, 물은 이스라엘 회사에게 돈을 주고 사서 쓰라고 하면서 하수 처리 시설은 나 몰라라 하고 있어 처리되지 않은 하수가 바다로 땅으로 그냥 흘러갑니다. 뿐만 아니라 이스라엘인들이 사용한 하수를 팔레스타인인 거주 지역으로 흘려보내 지하수를 오염시키고 악취를 풍기기도 합니다. 이스라엘 쓰레기 처리업자들은 쓰레기 처리 비용을 낮추기 위해 쓰레기를 팔레스타인 거주 지역에 내다 버리기도 합니다. 전기는 이스라엘 전기 회사가 주로 공급을 하는데, 큰일이 벌어지면 마음대로 공급을 중단하기도 합니다.

미국은 언젠가는 팔레스타인 독립국가가 건설될 거라고 선심 쓰듯 말하곤 합니다. 하지만 지금과 같은 이스라엘의 태도가 바뀌지 않는다면 단지 껍데기만 독립국가인 나라가 될 수밖에 없을 것입니다. 장벽과 전투기로 땅은 물론 하늘마저 닫혀 있고, 물과 전기 어느 것 하나 자립적으로 해결할 수 없으며, 해외 원조금으로 겨우 연명하는 그런 독립국가.

<u>하마스와 가자전쟁</u>

상황이 이런데도 자치정부의 관료들과 집권당인 파타Fatah는 이스라엘에 협조하며 자신의 부와 권력 챙기기에 바빴습니다. 결국 2006년 1월 총선에서 이스라엘에 계속 저항할 뜻을 밝힌 하마스Hamas가 승리했습니다.* 10년 동안 정권을 쥐고 있던 파타에 대해 팔레스타인인들이 분명한 반대의사를 표시한 것입니다. 총선에서 승리한 하마스는 새로운 정부를 구성하려 했습니다. 그러자

이스라엘·미국·EU는 팔레스타인에 대한 경제봉쇄를 단행했습니다. 또한 2006년 여름에는 이스라엘이 가자 지구에 대한 대규모 군사공격을 감행했습니다. 하마스를 선택하지 말라는 요구를 거부한 팔레스타인인들에 대한 보복이자 하마스를 무너뜨리기 위한 전쟁이었습니다. 많은 사상자가 발생했음에도 팔레스타인인들이 복종을 거부하자 이번에는 미국과 이스라엘이 파타에게 무기와 돈을 제공했습니다. 파타는 하마스에 대항하여 가자 지구에서 소위 '팔레스타인 내전'이라 부르는 쿠데타를 일으켰으나 실패했습니다. 그럼에도 불구하고 파타는 선거 결과를 거부한 채 서안 지구에서 자치정부를 운영하며 하마스를 탄압했습니다. 총선에서 승리한 하마스는 결국 서안 지구에 있는 자치정부를 인수하지 못한 채 가자 지구에서 집권 아닌 집권을 하게 되었습니다.

이렇게 하마스가 가자 지구에서 집권 세력이 되자 이스라엘은 가자 지구에 대한 봉쇄를 한층 강화했습니다. 일용직 노동자들은 물론 환자의 출입도 막았습니다. 식량·의약품·석유 등의 이동도 가로막았고 이스라엘에서 공급하던 전기도 끊었습니다. 생필품을 구할 수 없었던 가자 지구 사람들은 이집트와의 국경 아래에 땅굴을 뚫고 생필품을 구하기도 했습니다. 이스라엘은 땅굴이 있을 만한 곳에 폭격을 퍼부었으며 이집트는 발견한 땅굴로 독가스를 주입했습니다. 2008년 초에는 팔레스타인인들이 가자 지구-이집트 국경에 있던 장벽을 폭파하고 이집트 지역으로 넘어가 식량과 의약품 등을 구해 오기도 했습니다. 2008년 12월27일부터 22일 동안 이스라엘은 전투기와 탱크, 지상군 등을 동원해 '가자전쟁'이라 부르는 군사공격을 또다시 벌였습니다. 1천 4백여 명을 살해하고, 학교·병원·이슬람사원 등을 파괴했습니다. 이후에도 가자 지구에 대한 공격과 봉쇄는 규모를 달리할 뿐 계속되고 있습니다.

파타는 PLO 내의 최대조직으로, 1996년 팔레스타인 자치정부 수립 이후 정권을 잡았으나 2006년 총선에서 하마스에 패했다. 하마스는 이슬람 저항운동이라는 뜻으로, 인티파다 과정에서 탄생한 팔레스타인 정당이다. 팔레스타인에는 파타와 하마스를 비롯해 인민전선(PFLP), 민주전선(DFLP), 인민당(PPP) 등 여러 정당이 활동하고 있다.

다른 세계를 향한 연대

이스라엘이 팔레스타인뿐만 아니라 주변 국가들에 대한 공격과 점령을 계속하는 데 필요한 정치·군사적 힘은 미국으로부터 나옵니다. 이스라엘은 미국 정부의 해외 원조도 가장 많이 받고 있는 나라입니다. 이스라엘은 중동이나 아프리카, 라틴아메리카에서 미국의 필요에 따라 독재 정권이나 우익 조직을 지원하고, 반미 세력을 공격하는 일을 맡아 왔습니다. 예를 들어, 미국은 혁명 이후의 니카라과 정부를 뒤엎으려고 했지만 직접 나서기가 어려웠습니다. 이때 이스라엘이 '콘트라'라는 우익 조직을 지원했고, 콘트라는 살인·방화·강간을 일삼으며 니카라과를 혼란에 빠트렸습니다. 1967년 '6일 전쟁'의 경우처럼 미국에 대항하는 국가(이집트와 시리아)가 있는 경우에는 이스라엘이 나서서 전쟁을 벌이기도 합니다. 이렇게 이스라엘은 미국을 위해 움직이고, 미국은 자국의 이익과 친이스라엘 세력의 압력으로 이스라엘을 지원하고 있는 것입니다.

미국의 이스라엘 지원에 비하면 아직 규모는 작지만 팔레스타인 해방을 위한 국제연대 운동도 계속되고 있습니다. 한 예로, 가자 지구에 대한 봉쇄가 계속되자 2010년 5월 세계 각지의 시민과 단체가 돈을 모아 구호선단을 만들었습니다. 40여개 나라에서 온 600여 명이 1만 톤가량의 식량과 의약품·학용품·장난감·시멘트 등을 배에 싣고 가자 지구로 향했습니다. 이스라엘이 봉쇄를 풀지 않으면 직접 가자 지구 주민들에게 생필품을 전달하겠다는 뜻이었습니다. 이스라엘은 공해상에서 이 배를 공격하여 9명을 죽이고, 나머지 사람들과 배를 이스라엘로 끌고 갔습니다. 하지만 이 사건 이후에도 가자 지구로 구호선을 보내는 일은 여러 차례 계속되고 있습니다.

한국의 경우 '팔레스타인평화연대'와 시민들이 거리 캠페인을 통해 MUJI(무인양품)의 이스라엘 진출 반대 운동에 동참했습니다. 국내에 여러 개의 매장을 두고 있는 일본계 기업 MUJI가 이스라엘 진출 계획을 세웠을 때 일본 시민들이 시작한 MUJI의 이스라엘 진출 반대 운동에 함께한 것입니다. 결국 2010년 말 MUJI는 이스라엘 진출을 포기한다는 성명을 발표했습니다. 한국 정부가 군용 훈련기인 T-50을 이스라엘에 팔려고 하자 이에 반대하는 운동도 벌어지고 있습니다.

언젠가 크리스마스 휴가 전에 세 편의 영화가 텔레비전에 상영되었는데, 다들 무슬림이자 아랍인인 테러리스트들을 소탕하는 내용이었습니다. 그중 하나가 『델타 포스』였습니다. 대중문화는 아랍인과 무슬림을 학살하는 것을 정당화시킵니다.
-『펜과 칼』본문 가운데

누군가와 연대한다는 것은 그들이 어떤 삶을 살고 있는지 이해하는 것에서 출발합니다. 팔레스타인인의 삶을 이해하기 위해서는 이스라엘 중심의 역사 서술과 현실 인식에서 벗어나 팔레스타인인의 입장에서 세상을 바라볼 필요가 있습니다. 『오리엔탈리즘』과 『문화와 제국주의』 등으로 잘 알려진 에드워드 사이드는, 『펜과 칼』에서 우리가 팔레스타인에 대해 이해하고 있다고 여겼던 것이 사실은 오해였던 것은 아닌지, 화려한 이미지들에 눈길을 쏟느라 정작 알아야 할 현실을 보지 못한 것은 아닌지 되묻고 있습니다. 그의 물음이 유난히 생생하게 느껴지는 것은 애정 어린 관찰자의 시선을 넘어 고향을 빼앗긴, 바로 그 자신의 물음이기 때문입니다.

2011년 10월
안영민*

안영민은 '팔레스타인평화연대', '경계를 넘어'라는 시민단체를 만들어 활동했다. 2006년과 2009년에 팔레스타인에서의 경험을 담은 『팔레스타인에 물들다』를 지었으며, 현재도 '미니의 짧은 생각(http://blog.daum.net/minibabo)'이라는 블로그를 통해 팔레스타인의 상황을 열심히 알리고 있다.

1

: 팔레스타인 망명의 정치와 문학

1987년 3월 18일

실제로 도전은 더욱 거세졌습니다.
하지만 도전이 강경할수록
투쟁이 단호해진다는 것은
우리 민족, 아니 모든 민족의 역사입니다.

<u>데이비드 버사미언: 현안이 된다는 것이 어떤 의미인지부터 이야기해 보죠. 그것은 잘 알려져 있지 않고 불확실하다는 뜻이니까요.</u>
에드워드 사이드: 그리고 실제로 존재하는지 여부도 불확실하다는 뜻이죠. 사람들이 팔레스타인 문제를 물을 때는 그것이 정말로 존재하는지를 묻는 듯합니다. 아마도 이것이 당신이 말한 "현안이 된다는 것"의 가장 중요한 측면이 아닐까 싶습니다. 사람들은 팔레스타인의 존재를 지우고 싶어하는 경향이 있습니다. 물론 과거에도 팔레스타인은 있었고, 지금도 스스로를 "팔레스타인인"이라고 부르는 사람들이 450만 명이나 있음에도 말입니다. 많은 이들에게 "팔레스타인"이라는 이름은 무척이나 도발적입니다. 불행히도 팔레스타인인들조차 그 이름을 소리 내어 말할 때마다 확신이 조금씩 흔들리곤 합니다. 그만큼 위협적이고 도전적인 이름이라는 뜻이겠죠. 결코 중립적인 단어가 아닙니다.

<u>정치적 반응은 그렇다 치고 팔레스타인 문제에 대한 문화적 반응은 어떻게 느끼나요?</u>
많은 점에서 문화적 반응이 훨씬 더 흥미롭고 다양합니다. 1948년 제1차 중동전쟁이 있었지만 이후 십 년 동안 팔레스타인인들은 사실상 침묵했고 전쟁의 참상은 외부로 알려지지 않았습니다. 자신의 사회가 사라지고 파괴된 것을 보고 마음의 상처를 입어 거의 백지상태가 되었던 겁니다. 1950년대 말부터 부흥의 움직임이 일어났습니다. 이때 팔레스타인 민족주의 의식이 처음으로 부각되기 시작했습니다. 이스라엘에서 작가, 저널리스트, 시민운동가들로 이루어진 집단이 나타났는데, 엘 아르드El Ard라고 하는 단체입니다. 그리 오래가지는 못했습니다. 이 단체가 운영하던 출판사와 신문사를 2년 뒤에 이스라엘 정부가 폐쇄했거든요. 하지만 나세르주의*의 영향으로 많은

나세르주의: 이집트 대통령 나세르가 주창한, 아랍 민족 전체가 통합해서 자주적인 목소리를 가져야 한다는 사상

팔레스타인인들이 자신의 민족의식을 소설, 시, 희곡으로, 특히 저널리즘 양식과 사변적인 양식의 에세이로 표출하기 시작했습니다. 1967년 제3차 중동전쟁 이후로 팔레스타인의 목소리는 이스라엘 군대에 패배한 아랍 세계에서 문화적으로 진실을 대변하기 시작했습니다. 그때 마흐무드 다르위시, 가산 카나파니 등 대표적인 팔레스타인 출신의 저항주의 시인들이 멋지고 우렁차게 자신의 목소리를 알려 국제적 명성을 얻었죠. 이들 덕분에 선거권을 빼앗긴 팔레스타인 남성뿐만 아니라 여성과, 역사적으로 자신의 목소리를 내지 못했던 노동자, 교사 출신의 작가까지 아우르는 새로운 언어가 출현했습니다.

<u>결국은 팔레스타인인들을 테러리스트, 유목민, 난민, 납치자로 몰아붙이려는 시도가 실패로 돌아갔다는 뜻인가요?</u>
장기적으로는 실패했다고 생각합니다. 물론 단기적으로는 일부 사람들의 마음속에 팔레스타인과 관련하여 이런 부정적인 이미지가 각인되었습니다. 하지만 1982년 이스라엘의 레바논 침공 같은 사건이 일어나면서 이런 편견이 깨지기 시작했고, 사람들은 혼란스럽지만 이스라엘의 현실에 대해 새롭게 눈을 떴습니다. 쉽지 않은 일이었습니다. 담론에 대한 단속은 아주 심합니다. 허용되는 것과 허용되지 않는 것이 엄격하게 구분되죠. 그런데 몇몇 팔레스타인의 이야기와 경험들이 당신이 방금 언급했던 부정적인 이미지를 꿰뚫으면서 편견이 깨지기 시작한 거죠.
그렇다고 해서 팔레스타인에 대한 부정적인 인식이 모두 사라졌다는 말은 아닙니다. 여전히 팔레스타인인을 무자비한 존재, 테러리스트 등으로 여기는 이들도 있으니까요. 하지만 팔레스타인인들에게 이런 꼬리표는 아무 의미도 없습니다. 팔레스타인의 이야기를 기꺼이 들으려는 사람들에게도 마찬가지로 아무 의미가 없습니다. 이 나라 곳곳의 사람들이 자신들이 들어보지 못했던 이야기에 관심을 가진다는 것은

우리처럼 강연을 하고 글을 쓰는 사람에게는 놀랍고도 반가운 일입니다.

팔레스타인에 대한 관심이 유독 각별해 보인다는 의견도 있습니다.
단순한 정치적 차원의 문제가 아니기 때문일 텐데요.
옳은 지적입니다. 팔레스타인 자체가 워낙 예외적인 공간이니까요.
모든 장소가 다 예외적이겠지만 팔레스타인은 다른 지역보다 훨씬 더
예외적입니다. 무엇보다 성서의 배경이라는 데 남다른 의미가 있죠.
역사적인 의미도 있습니다. 수천 년 동안 3개 종교의 중심지 역할을
하면서 수많은 악마와 성인과 신을 배출했죠. 그리고 지정학적 위치도
빼놓을 수 없습니다. 팔레스타인은 주요 종교와 주요 문명 사이의
흥미로운 교차점입니다. 동서양의 문화가 여기서 만나니까요. 그리스,
아르메니아, 시리아, 레반트, 그리고 유럽, 기독교, 아프리카, 페니키아
문화가 서로 영향을 주고받은 멋진 곳입니다.
이런 점에서 팔레스타인은 하나의 수식어로 규정될 수 없는 곳입니다.
무엇보다도 팔레스타인인들은 팔레스타인 지역의 복수적이고
다문화적인 측면을 잘 보여주는 표본입니다. 우리의 투쟁은
팔레스타인을 배타적으로 독점적으로 소유하기 위함이 아니라
팔레스타인 안에 존재하는 여러 공동체, 여러 문화와 교류하려는
것입니다. 팔레스타인인들이 팔레스타인의 풍성함에 참여하는 것입니다.
우리의 투쟁 대상은 팔레스타인 땅이 오직 유대인들로만 이루어진
이스라엘의 것이며, 그곳에서 종속적인 위치로 살아가는 다른 사람들의
것이 아니라고 말하는 민족과 이데올로기입니다. 그것이 시온주의에
맞서는 투쟁의 본질입니다.

『오리엔탈리즘』에서 당신은 중동 지역에서 영국과 프랑스의
제국주의 계획과 권력에 봉사했던 지식인, 학자, 전문가들의 역할을
이야기했습니다. 정복과 지배의 틀을 정하고 이를 정당화하고

합리화했다고 주장했죠. 오늘날 팔레스타인 문제와 관련해서도 이와 비슷한 부류가 있습니까?

그렇다고 생각합니다. 미국과 이스라엘에는 확실히 있습니다. 1948년 이스라엘 건국 때부터 오리엔탈리스트 혹은 '아라비스트'라고 하는 사람들이 있었습니다. 그들이 정부와 손잡고 팔레스타인 땅에 사는 아랍 민족을 회유하고 지배하고 통제합니다. 서안과 가자의 점령 정부를 보면 이슬람 역사와 문화의 전문가들이 점령군 옆에서 고문으로 활동하고 있습니다. 1983년까지 서안 지구의 행정가로 일했던 메나헴 밀슨은 사실 아랍 문학을 전공한 교수입니다. 이슬람 세계 등지에서 벌어졌던 오리엔탈리즘과 서구 제국주의와 점령지에서 벌어지고 있는 이스라엘 오리엔탈리즘과 제국주의가 이렇게 직접적으로 연결됩니다.

미국에도 비슷한 현상이 있습니다. 이슬람과 아랍 세계에 대한 자신의 전문 지식을 통해 언론과 정부에 아랍 세계에 대한 적대적 관심을 제공하는 일을 하는 이른바 전문가 집단이 있습니다. 이들도 오리엔탈리스트입니다. 이를테면 최근에 한 메이저 출판사에서 테러리즘을 주제로 한 심포지엄을 책으로 출간했는데 유엔 주재 이스라엘 대사가 편집을 맡았습니다. 세 편의 논문은 유명한 오리엔탈리스트가 썼고, 이들은 논문에서 이슬람교와 테러리즘이 아찔하리만치 일치한다는 것을 보여주려고 애썼습니다. 이런 식의 일이 계속되고 있습니다.

서른 명에서 마흔 명가량 되는 이런 사람들은 인질극이 벌어지거나 비행기 납치, 대학살 같은 위기가 생길 때마다 앞에 나서서 이슬람 문화의 성격과 무차별적인 폭력 사이에 필연적인 관계가 있음을 입증하려고 애씁니다. 제가 볼 때 가장 큰 불행은 이슬람과 아랍 문화를 이해하고 해석하는 일을 하는 이런 오리엔탈리스트들이 정작 자신의 밥벌이가 되는 이런 문화에 전혀 공감할 줄 모른다는 사실입니다. 그들은 적대적인 눈으로 이슬람 문화를 바라봅니다. 이들은 아랍

민족주의와 이슬람 문화에 극도로 적대적인 미국 정부 정책에 볼모로
잡혀 이리저리 끌려 다니는 처지라고 할 수 있습니다.
두 문화가 접촉한 이래 계속 이런 상황이었습니다. 미국에서 벌어지고
있는 이 같은 현상을 타개하고자 하는 젊은이들이 서서히 늘고 있지만,
아직 상황이 변하는 것 같지는 않습니다. 상황을 똑바로 살피면
누구나 제가 지금 말하는 오리엔탈리스트를 찾아낼 수 있습니다.
이들은 이슬람에 대한 자신의 관심과 이해와 학자로서의 전문 지식을
미국 제국주의에 팔아넘기고 있습니다. 이들은 아랍 세계가 무조건
잘못했다는 식으로 적대적인 집단의 이해를 대변하는 논조의 글을
『뉴욕타임스』, 『뉴 리퍼블릭』, 『코멘터리』 등의 주류 언론에 기고합니다.
나와 신조가 같은 촘스키 같은 학자들은 이런 언론매체에 글을
쓰기가 힘듭니다. 손쉽게 『뉴욕타임스』나 CBS, PBS를 이용할 수 있는
사람들과는 경우가 다르죠.

<u>팔레스타인 문제를 이야기하면서 미국보다 이스라엘에 훨씬 다양한
의견들이 존재한다고 지적하셨는데요.</u>
국적에 상관 없이, 이스라엘에 대해 알고 있는 사람이라면 누구나
지적하는 사실입니다. 그런데 이 나라에서는 유대인들과 유대인 공동체
조직 모두 이스라엘에 관해서라면 그 어떤 사안이라 할지라도 한
목소리이며 열의가 뜨겁습니다. 제가 볼 때는 이유가 복잡하면서도
분명한데요. 죄의식과 두려움이 크게 작용하는 부분도 있지만, 무엇보다
무지가 가장 큰 원인입니다. 이스라엘은 미국에 완전히 의지하는
나라입니다. 그래서 이스라엘에 대한 어떤 비난도 이 나라의 이스라엘
지지자들이 볼 때는 미국의 원조에 위협이 되므로 곧장 틀어막아야
합니다. 이스라엘에서 벌어지는 근본적인 문제들에 대해 거의 아는 것이
없습니다. 이스라엘에서 살아가는 남자와 여자와 아이가 향후 10년 동안
어떤 문제에 부딪히게 될지 이해하지 못하죠. 대부분의 미국 유대인들은

여기에 대해 모르며 관심도 없습니다. 이스라엘은 그저 세속적인 종교이며 돈을 보내야 하는 곳일 뿐이지, 포위된 상태로 살아가야 하는 팔레스타인의 현실은 안중에도 없습니다. 오히려 남자답고 호전적이고 올바른 일이라는 이유로 이를 조장합니다.

많은 사람들이 여기에 가담하고 있습니다. 비단 유대인들만이 아닙니다. 조지 윌, 윌리엄 버클리 같은 이스라엘과 직접적인 이해관계가 없는 많은 시온주의자들은 속으로는 이스라엘이 상당히 마음에 들지 않을지도 모르지만 그럼에도 이스라엘을 찬양합니다. 레이건 정부 시절에 이런 사람들이 부각되었습니다. 진 커크패트릭도 있고, 알렉산더 헤이그는 미국의 안보를 위해 이스라엘을 공산주의, 테러리즘의 팽창을 막는 방패막이로 활용했습니다. 이렇게 이스라엘은 미국으로부터, 그리고 막강한 권력을 가진 사람들로부터 전폭적인 열의와 지지를 받으면서 묘하게 중요한 역할을 떠맡게 되었습니다.

그러나 미국의 방패막이 역할은 이스라엘에게 장기적으로 해만 될 뿐이며 단기적으로도 결코 도움이 되지 않습니다. 그럼에도 불구하고 이스라엘 지지자들은 여기에 관심이 없습니다.

언젠가 제가 미국 국영 라디오 방송의 한 편집자를 만나 이스라엘에서 벌어지는 사건들을 시시콜콜하게 다룬다고 지적했습니다. 이스라엘에서는 누군가가 코웃음을 치거나 기침을 하거나 트림만 해도 기사에 납니다. 그런데 알제리, 이라크, 이집트 등 다른 아랍 국가에서 벌어지는 중요하고도 심각한 사건들에 대해서는 왜 보도하지 않느냐고 그에게 물었더니 꿀먹은 벙어리더군요.

침묵하는 이유는 간단합니다. 이스라엘인들은 '우리'와 같지만 다른 이들은 그렇지 않으니까요. 그들은 언어도 다르고 민족도 달라서 기본적으로 관심이 가지 않는데다가, 대놓고 말하지는 않지만 '우리'보다 못한 인간이라고 여기는 경향이 있습니다. 확실히 그렇습니다. 로버트

프리드먼이 『머더 존스』의 최신호에서 이 문제를 지적했고, 『타임스』의 토머스 프리드먼도 미국 언론에 이스라엘 보도가 집중되는 경향이 있다고 지적했습니다. 이스라엘 정부도 미국 언론에 워낙 관심이 많아서 『타임스』의 프리드먼에 따르면 이스라엘 정보기관이 매년 이스라엘에서 작성된 수백 건의 서류를 미국의 신문, 잡지, 텔레비전, 라디오에 넘겨준다고 합니다. 이런 정보 덕분에 놀랍도록 우호적이고 무비판적인 이스라엘 기사가 쏟아지는 것입니다. 미국 언론은 이스라엘에서 벌어지는 모든 일들에 대해 훨씬 덜 비판적입니다.

또 하나는 혹시라도 이스라엘과 아랍 세계에 대한 진실을 보도했다가는 일자리를 잃는 것 같은 가혹한 보복을 당할 수 있다는 공포가 이 나라 언론인들 사이에 퍼져 있다는 점입니다. 폴 핀들리의 책 『용기 있게 외치다』 *They Dare to Speak Out* 에 이런 점이 언급되고 있는데요. 솔직히 말하면 저는 책의 상당 부분이 과장되었다고 생각합니다. 보복 수단이 그리 대단치 않다고 생각하므로 보복에 대한 두려움이 과장되어 있으며, 그것은 언론에 만연한 집단적인 비겁함이라 생각합니다.

세 번째로 짚고 넘어가야 할 점은, 제가 볼 때 현재 중동 문제를 보도하는 대부분의 언론인이 전혀 언론인답지 않다는 것입니다. 그들은 조사를 하지 않습니다. 현지 언어도 모릅니다. 위기가 일어나면 현장을 왔다갔다 하며 테러리스트, 분노 같은 빤한 주제만 다룹니다. 나머지는 보도되지 않습니다. 그래서 별일 아니라거나 아예 존재하지 않는다고 취급됩니다. 아랍 세계에서 벌어지고 있는 일에 대해 정치적 인식이 전혀 없습니다. 지금 이 순간에도 흥미롭고 격렬한 흐름과 이에 반대되는 흐름이 서로 뒤얽혀 들끓고 있는데 언론은 그것을 다루지 않습니다. 대부분의 언론인들이 그저 게으르고 무능한 겁니다.

<u>당신의 책 제목 『마지막 하늘 이후』는 마흐무드 다르위시의 시에서 가져온 것입니다. 당신이 이 시를 인용했다는 점이 흥미로운데요.</u>

"세상이 밀려와 우리를 마지막 거처로 밀어 넣는다" 같은 구절은 죽음을 의미하기도 하고 탄생을 의미하기도 합니다.
이 시는 1982년 팔레스타인인들이 1948년에 이어 자신들이 세웠던 나라를 또다시 떠나야 했을 때 쓰였습니다. 이번에는 레바논이었죠. 다행히도 이번에는 1948년 세대보다 정치적으로 훨씬 각성된 세대였습니다. 따라서 죽음의 느낌이 물론 있지만, 당신의 말대로 새로운 삶, 다시 말해 마지막 하늘과 마지막 거처를 지나면 비록 마지막처럼 보일지도 모르겠지만 또 다른 길, 또 다른 하늘, 또 다른 영토가 반대편에 존재한다는 것을 암시하고 있습니다. 바로 이런 이중적 의미가 저를 매료시켰습니다. 모든 팔레스타인인들에게 1982년은 1948년에 이어 또 한 번의 분수령이 되었다고 생각합니다. 그래서 제게는 1982년 이후 팔레스타인 상황을 찬찬히 살펴보는 것이 필요하고 중요했습니다.

유대인들에게, 이스라엘인들에게 더 많은 것을 기대한다면 인종차별적 발상일까요?
무슨 말인지 제대로 이해하지 못했습니다.

유대민족과 이스라엘 건국의 역사를 돌아보면 박해와 고통의 역사, 홀로코스트와 강제수용소로 얼룩진 역사입니다. 따라서 이스라엘인들과 유대인들이 이런 문제에 더 마음을 열고 온정적이어야 한다고 느끼게 되는데요. 이것도 인종차별적 생각일까요?
아뇨, 그렇게 생각하지 않습니다. 팔레스타인인으로서 저는 언젠가 우리 민족이 겪었던 고통을 정치적으로 복권할 수 있는 위치가 된다면, 그 과정에서 다른 민족에게 상처를 줄 수도 있음을 최대한 헤아리리라고 스스로에게 다짐하곤 합니다. 저를 난처하게 하는 점이자 제가 이해하기 어려운 점은 제가 만난 유대인들과 이스라엘인들 중에서 팔레스타인인을 만날 때, 많은 점에서 자신들이 겪었던 똑같은 고통을 현재 겪고 있는

그들에게서 당혹과 불편함을 넘어 후회와 연민을 느끼는 사람이 아주
드물다는 사실입니다. 더욱 당혹스러운 것은 자신들이 겪었던 고통을
지금 팔레스타인 사람들에게 고스란히 가하고 있다는 사실입니다.
이스라엘의 유대인들은 팔레스타인인들에게 고통을 가하고 있는
가해자입니다. 저는 마티 펠레드*를 만났을 때의 충격을 지금도 잊지
못합니다. 한때 이스라엘 예비군 장성이었던 그가 3, 4년 전에 미국에
있을 때 제가 콜럼비아 대학에 초청한 적이 있습니다. 점심을 함께
들면서 그가 살아온 과정을 이야기했습니다. 크네세트(Knesset, 이스라엘
국회)에 출마해서 의원에 당선되었던 이야기를 들려주더군요. 제가
그에게 물었습니다. "마티, 왜 이런 일을 하죠? 정말 대단해요." 그러자
그가 말했습니다. "한마디로 후회 때문입니다. 양심의 가책을 느낍니다."
그 말이 어찌나 충격이었던지 지금도 그 일을 생각하면 목이 멥니다. 그런
말을 할 수 있다는 게 말입니다. 존경의 마음이 들더군요. 한편으로는
그렇게 후회하는 사람이 왜 그렇게 드물까 하는 생각을 합니다.

<u>『율리시스』의 주인공 스티븐 디덜러스는 이런 말을 했습니다. "역사는
내가 깨어나려고 애쓰는 악몽이다." 만약 팔레스타인인들이 국가적인
악몽에서 깨어난다면 어떤 일이 벌어질까요? 당신이 미래에 그리고 있는
국가의 구상에 대해 조금 들려주시겠어요? 어떤 식으로 팔레스타인
국가가 구성되리라고 보십니까?</u>
긍정적인 방향으로 생각하기가 어렵네요. 지금 이 시점에서는
팔레스타인 국가 구성의 청사진을 제시할 수 없습니다. 가급적 막고
싶지만 우려되는 몇 가지 부정적인 일들 때문입니다.
이를테면 저는 팔레스타인 국가가 이런 식의 투쟁에서 적들을 물리치고
다른 아랍 국가와 똑같이 만들어지는 것을 원치 않습니다. 레바논이나

마티 펠레드 Mattityhu Peled(1923~1955): 이스라엘 군인이자 아랍문학 연구가로
말년에는 평화운동가로 활동하며 팔레스타인과의 평화적인 공존을 위해 노력했다.

이라크 같은 국가는 되지 않았으면 합니다. 둘째, 저는 오늘날
이스라엘처럼 피해의식으로 가득찬 국가가 되지 않기를 바랍니다.
스스로의 안전과 자존심에 다급하게 매달리지 않는 국가였으면 합니다.
장벽을 둘러쌀 필요는 없다는 뜻입니다. 정말로 중요한 점입니다.
셋째, 저는 나쁜 의미에서 안보 국가가 되지 않았으면 합니다. 주민,
집단, 여성, 불우한 사람들이 차별받지 않는 국가이기를 바랍니다.
이런 문제들이 사회주의 국가가 좋으냐, 자본주의 국가가 좋으냐 하는
문제보다 훨씬 시급하다고 생각합니다. 저는 이런 문제들이 앞으로
팔레스타인의 정치적 생존에 실질적인 위협이 되리라 봅니다.

『팔레스타인 문제』 *The Question of Palestine* 라는 책을 1980년대 초에
쓰셨는데요.
정확히는 1970년대 말입니다.

팔레스타인인들이 독립국가라는 목표 실현에 더 가까워졌다고
보십니까?
많은 점에서 그렇다고 생각합니다. 대부분의 팔레스타인인들에게 독립
국가는 최소한의 바람입니다. 한때는 살아남을 수만 있다면 그것으로
충분하다고 생각하던 시절이 있었지만 말입니다. 하지만 중동의 현
상황을 볼 때 정치적으로 독립국가 실현이 가까워졌다고 말하기는
어렵습니다. 여기에 모순이 있습니다. 이 순간에도 이스라엘의 군대는
팔레스타인 민족의 자결권에 강력한 걸림돌이 되고 있습니다. 가까운
미래의 전망은 그리 밝아 보이지 않습니다.
하지만 우리는 두 가지 수준에서 이런 생각을 계속 이어가야 합니다.
하나는 예전보다 강력해진 정치적 의지입니다. 제가『팔레스타인
문제』를 쓴 지 7, 8년이 흘렀는데 우리는 많은 것을 견뎌내고
살아남았으니까요. 실제로 도전은 더욱 거세졌습니다. 하지만 도전이

강경할수록 투쟁이 단호해진다는 것은 우리 민족, 아니 모든 민족의 역사입니다. 사람들이 그냥 포기하고 주저앉지는 않을 것입니다.

포위된 채 압박에 시달리며 살아가는 경험이 중동과 미국 등지에 살고 있는 팔레스타인인들을 전문직 종사자로 만드는 하나의 이유라고 생각하십니까?
공학자, 건축가, 교수들이 많이 있습니다. 아마도 우리가 이리저리 돌아다니는 유랑자라는 현실의 자연스러운 귀결이겠죠. 우리가 의지해야 했던 것은 상품과 자본의 축적이 아니라 교육, 전문 기술, 지식 같은 솜씨와 자원을 관리하는 것이었습니다. 그 결과 우리는 어떤 사회에서도 변방, 주변부에 놓인 처지라는 걸 언제나 의식하고 살아가는 방랑 민족이 되었습니다. 저는 그 때문에 많은 우리들이 왠지 나쁜 짓을 저지르고 있다는 느낌을 받는 동시에, 사물을 더 예리하게 볼 수 있는 특권적인 위치에 있다는 느낌을 받는다고 생각합니다. 어떤 점에서는 팔레스타인인들에게 통찰력을 안겨준 선물이기도 합니다. 세상의 불평등을 보고, 아이러니한 상황을 보고, 많은 나라에서 자신들에게 불리한 법이 제정되는 것을 아니까요. 이 나라에서 아홉 명의 팔레스타인인들이 세계 공산화가 목표라고 주장하는 잡지를 구입했다는 이유로 추방당할 뻔 했습니다. 조너선 스위프트*라면 이런 아이러니를 당장에 써먹었겠죠. 팔레스타인인들도 오랜 세월을 거치면서 이런 식의 팔레스타인식 유머를 계발했습니다. 신랄하고 강력하면서도 인식만큼은 대단히 예리합니다.

다르위시 시의 마지막 구절이 그랬죠? "우리가 마지막 변방을 넘어서면 어디로 갈까요? 새들이 마지막 하늘을 넘으면 어디로 날아갈까요?"

조너선 스위프트 Jonathan Swift(1667~1745): 『걸리버 여행기』로 유명한 영국의 풍자작가 겸 성직자이자 정치평론가.

네, 맞습니다. 우리가 지금 와 있는 곳이 마지막 변방, 마지막 하늘인 것 같고, 그 너머에는 아무것도 없어서 남은 것은 오직 파멸뿐이라는 생각이 듭니다. 그럼에도 우리는 이렇게 묻습니다. "이제 어디로 가지?" 우리는 또 다른 의사를 찾고 싶습니다. 사망 선고를 들었다고 그냥 체념할 수는 없습니다. 우리는 계속 앞으로 나아가고 싶습니다.

2

오리엔탈리즘 다시 읽기

ⓒ 안영민

1991년 10월 8일

우리는 현재 우리 모두에게 절실한 향수,
갈망, 귀환의 꿈에 의거하지 않은
새로운 공동체 양식, 새로운 존재
양식을 모색해야 합니다.

데이비드 버사미언: 오즈의 나라에 오신 것을 환영합니다. 최근 언론 보도를 들으셨는지 모르겠지만, 쿠웨이트에서 요르단으로 강제 추방된 25만 명의 팔레스타인인들이 지낼 보금자리 건설을 돕기 위해 미국 의회와 대통령이 수십억 달러의 차관을 보증해 주겠다고 발표했습니다. 이런 발표를 들으셨는지 궁금한데요. 확인된 사안입니까?
에드워드 사이드: 아뇨, 처음 듣는 이야기입니다.

변덕스럽게 한번 해본 말이라고 생각하십니까?
네, 한마디로 터무니없는 제안입니다. 미국은 지난 40년 동안 팔레스타인 민간인들을 대상으로 다분히 의도적으로 싸움을 걸어왔습니다. 따라서 이런 식의 변화는 베개 밑에 넣어둔 아이들의 이를 가져가는 요정과 오즈의 마법사와 폴리애나(동화 속에 나오는 인물로 극단적인 낙관주의자)와 프레드 로저스(유명한 어린이 프로그램 진행자)를 한데 합쳐놓은 것과 같다고 생각합니다.

겉모습이 바뀔수록……
본바탕은 더더욱 달라진 게 없다는 말입니다.

1980년대 초의 이미지와 상징이 1990년대에 들면서 어떻게 바뀌었는지 이야기해봅시다. 예를 들어 이라크가 쿠웨이트를 침공한 직후인 1990년 8월, 『뉴스위크』의 표지 기사를 보면 중동에서 "배신은 정치인들의 특기"라는 말이 나옵니다.
돌연변이, 시대착오라는 말이 중동의 현 상황에 가장 잘 들어맞는 표현입니다. 낭만적이기도 하고 반(反)낭만적이기도 한 오리엔탈리즘이라는 어휘는 여전히 건재해, 지금도 변함없이 사용되는 것 같습니다. 기억나는 예가 있습니다. 데이비드 프라이스 존스가 쓴『닫힌 집단: 아랍인의 해석』 *The Closed Circle: An Interpretation of*

*the Arabs*이라는 책을 보면, 저자는 아랍어를 할 줄 모르며 아랍 문화 전공자가 아님을 인정하고 있습니다. 그런데 무슨 배짱인지 그는 아랍 세계를 가리켜 수치스러운 문화, 폭력의 문화, 부패하고 속물적이고 전혀 믿을 수 없는 세계라고 일반화합니다. 이 책이 출간되고 얼마 뒤에 영국의 유명한 한 신문에 리뷰 기사가 실렸는데, 거기서 코너 크루즈 오브라이언은 그를 가리켜 아랍 세계의 진실을 말한 최초의 인물이라고 했습니다. 이 리뷰는 『퍼블릭 인터리스트』의 최신호에서 고스란히 인용되었습니다. 이런 식으로 아랍에 대한 이미지가 확산되고 있습니다. 아무것도 바뀌지 않았습니다.

실망스럽나요?

아뇨, 이런 사람들에게는 그 수준밖에 기대할 수 없으니까요.
실망이니 슬픔이니 하는 반응은 부패하고 잔인한 체제에 맞서 싸우는 투사를 자처하는 아랍 세계의 학자와 작가들, 그리고 아랍 세계에 대한 해석자들의 글을 읽을 때 나옵니다. 이들도 그렇게 다르지 않습니다. 아이러니한 것은 곪아 썩어가는 아랍 세계의 정치 체계에 대해 정당하게 공격을 가하는 서양의 전문가들이 정작 아랍 세계에서 벌어지는 반부패 투쟁에는 전혀 주목하지 않는다는 점입니다. 제가 기억하기로는 한 명도 없습니다.
하지만 그곳에는 부패한 정권에 반대하는 세력이 있습니다. 아랍 세계 최고의 작가, 언론인, 예술가, 지식인, 학자들은 대부분 정권에 돌아섰습니다. 그래서 글을 쓰지 못하고 말하지 못하고 갇혀 있습니다. 하지만 서양의 소위 전문가라는 이들은 이에 대해 어떤 언급도 하지 않습니다. 여성 운동, 인권 운동이 모든 나라에서 일어나고 있습니다. 비록 이집트에서 벌어지는 양상과 요르단에서 벌어지는 양상이 다르긴 하지만 말입니다. 그런데도 이런 사실은 전혀 다루어지지 않습니다. 무엇보다 심각한 것은 표현의 자유, 집회의 자유, 결사의 자유를

쟁취하기 위한 팔레스타인인들의 투쟁이 제대로 보도되지 않는다는
점입니다. 여러분은 대체 이게 뭘까 궁금하겠죠. 이런 변화가 일어나고
있는데도 학자들이 관심을 보이지 않는다는 사실이 정말 슬픕니다.
그들은 그저 똑같은 말만 반복할 뿐입니다. 데이비드 프라이스 존스의
책 제목을 이용하자면 그들이야말로 '닫힌 집단'입니다. 실제 아랍
세계는 그렇지 않습니다. 거기서는 많은 일들이 벌어지고 있습니다.

<u>당신은 팔레스타인 문제가 언론인과 학자들에게 "불편하다"고
표현했는데요. 이 점을 짚고 넘어가고 싶습니다. 그들은 공직에
출마하려는 사람도 아니고 로비 같은 정치적 압력을 받지도 않습니다.
그런데 왜 팔레스타인 문제가 불편할까요?</u>
말하기 곤란하기 때문입니다. 저는 이 나라에서 최소한 30년 이상 이
문제로 곤란을 겪어왔습니다. 팔레스타인에 대한 학자들의 반응은 대략
세 가지로 나눌 수 있습니다. 먼저 팔레스타인인 같은 것은 없다고
말하는 노골적인 거짓말쟁이가 있습니다. 팔레스타인 문제는 존재하지
않는다는 것입니다. '그들'은 1948년에 그곳을 떠나라는 말을 듣고
떠났습니다. 아니면 애초에 거기 없었고 1946년에 다른 아랍 국가에서
들어와 1948년에 떠났던가요. 이를 뒷받침하기 위해 서안과 가자에 사는
'그들'은 잡동사니 민족에 불과하다고 합니다. 팔레스타인 땅에서 사는
아랍인들이지 팔레스타인인은 아니라는 겁니다. 리쿠드당*을 추종하는
사람들이 이런 생각을 갖고 있습니다.
두 번째 범주는 비앙팡상*의 생각입니다. 이들은 남아프리카공화국에
대해, 폴란드, 체코슬로바키아, 헝가리, 중국, 니카라과의 자유민주주의에

리쿠드당: 1973년 메나헴 베긴의 주도로 여러 군소 우익 정당과 자유주의 정당을 흡수해
창당한 이스라엘의 보수주의 정당.
비앙팡상 bien pensant: '좋은 생각'이라는 뜻으로 앞서가는 의견을 유행처럼 추종하는
이들을 말한다.

대해 열변을 토합니다. 그러면서도 팔레스타인에 대해서는 한마디도 하지
않는 자유민주주의자입니다. 그냥 아무 말도 하지 않습니다.
마지막으로, 팔레스타인에 대해 이야기하지만 이스라엘을 예외로 두려는
사람들이 있습니다. 그들을 앞에 앉혀놓고 남아공, 니카라과, 베트남, 소련,
천안문 사건에 팔레스타인도 있다고 말하면, 그들은 이렇게 대답합니다.
'그래, 팔레스타인도 있지. 하지만 이스라엘은 다른 이들과 달라.'
이스라엘이 아니라면 대체 누구에게 팔레스타인 문제의 책임이
있는 걸까요? 미국인들이 낸 세금과 미국의 자유주의자들을 등에
업고 이스라엘이 저지르는 끔찍한 불의를 부인한다면 누가 책임을
져야 할까요? 결국 그들은 팔레스타인인들의 잘못이라고 말합니다.
팔레스타인인들의 책임이고 다른 아랍 국가들의 책임이라고 말합니다.
하지만 제가 볼 때 이런 외면은 회피일뿐입니다. 이스라엘의 책임을
직시하기가 불편하기 때문입니다. 이스라엘 시온주의자는 끔찍한
죄의식을 분명히 느낍니다. 이는 홀로코스트와 반유대주의를 겪은
당사자들이 보이는 가장 복잡하고 당혹스러운 반응일 뿐입니다.
이런 것이 홀로코스트 생존자들이 보상받는 한 방법이라고, 혹은
팔레스타인인들이 갚아야 하는 빚이라고 말할 수는 없기 때문입니다.
실제로 그렇게 말할 수는 없습니다. 하지만 많은 이들이 속으로 그렇게
생각합니다. 굳이 이야기하지 않아도, 입장을 밝히지 않아도 결국에는
책임이 팔레스타인으로 넘어가니까요.
저는 팔레스타인인들이 무죄라고 말하는 것이 아닙니다. 다만 지금
우리가 말하는 것은 1948년에 한 사회가 무참히 파괴되었고, 그
뒤로 팔레스타인인들에 대한 계획적이고 체계적인 억압이 진행되고
있다는 사실입니다. 특히 1967년에 서안과 가자 지구가 점령되고
팔레스타인인들의 국가적, 문화적, 정치적, 심지어 실존적 정체성이
공격받으면서 체계적인 말살이 진행되고 있습니다. 그래서 불편한 겁니다.

'뉴스쿨'*을 비롯한 여러 곳에서 당신이 예루살렘 전 부시장 메론 벤베니스티와 논쟁한 것을 보면, 이스라엘이 팔레스타인인들에게 가했던 "불의"를 인정해야 한다고 주장하는데요. 그것이 왜 그렇게 중요합니까?

지난 3, 40년 동안 우리를 가장 힘들게 한 것이 자신들은 책임이 없다는 발뺌이었기 때문입니다. 우리는 마치 고아가 된 듯했습니다. 기원도 역사도 민족으로서의 혈통도 없는 고아 말입니다. 이스라엘이 우리에게 직접적으로 가했던 행동을 인정할 때 비로소 우리의 혈통을 되찾을 수 있습니다. 지금 우리가 이야기하는 것은 역사의 인정입니다. 그게 가장 중요한 이유이고요. 두 번째로는 그래야 최소한 우리가 이스라엘과 동등한 위치가 되기 때문입니다. 우리는 그들의 존재를 인정했습니다. 그들에게 너희들이 여기에 있다, 우리의 사회를 파괴했다, 우리의 땅을 가져갔다, 하지만 우리는 너희의 독립국 지위를 인정한다 라고 말했습니다. 우리는 서안과 가자 지구에서 자결권을 갖고 팔레스타인 국가를 이루기를 원한다, 너희들은 1967년 이전의 이스라엘 영토에서 국가와 자결권을 가질 수 있다, 이런 식으로 서로 평화롭게 공존했으면 좋겠다, 이렇게 말했습니다. 하지만 그들은 한 번도 우리를 하나의 국가로 인정하지 않았습니다. 저는 지금 개인 자격으로 한 언급을 말하는 것이 아닙니다. 공식석상에서 언급한 발언 말입니다. 1988년 이전의 십 년 동안 이스라엘인들이 제게 와서 말했습니다. 우리는 당신의 인정을 원한다, 유엔 결의안 242호*를 받아들인다면, 이스라엘을 인정한다면 정말 좋겠다, 이렇게 말했습니다. 그러면 모든 것이 바뀐다고 했습니다. 우리는 그렇게 했습니다. 그런데 아무것도 달라지지 않았습니다. 오히려 나빠졌죠. 그래서 저는 이런 두 가지 이유로 우리가

뉴스쿨: 뉴욕의 사립대학교로 1919년에 경제학자 베블런, 역사학자 비어드, 철학자 듀이 등이 설립한 비공식 성인교육기관이다. 1934년 공식적인 대학으로 인가를 받았다.
유엔 결의안 242호: 1967년 전쟁 때 이스라엘이 무력으로 점령한 지역에서 이스라엘 군대를 철수할 것을 요구하는 결의안.

인정을 받아야 한다고 생각합니다. 부인과 침묵으로 일관하고 그래서
미국 유대인들이 이 일에 무관심해지는 현상은 우리에게 아주 안 좋은
결과를 가져왔습니다.

그렇게 이스라엘이 인정하면 당신의 표현대로 "이야기할 수 있는
허락"을 받게 되는 건가요?

상당한 변화가 일어나죠. 우리도 같은 역사에 속하게 되는 셈이니까요.
우리의 이야기를 예전보다 훨씬 편하게 할 수 있게 됩니다. 여러분도
꼭 알아야 하는 사실인데, 팔레스타인에서 추방당한 이들이
서구사회에 팔레스타인 이야기를 하려 할 때마다 이스라엘인들이
체계적으로 공격을 가했습니다. 한편 서안과 가자 지구에서 살아가는
팔레스타인인들은 안전 문제가 가장 시급하므로 자신들의 이야기를
하고 싶어하지 않습니다. 그저 살아남기만을 바랄 뿐입니다. 레바논
등지에서 폭력에 시달리며 살아가는 팔레스타인인들도 마찬가지입니다.
생존의 문제가 워낙 절박해서 내일을 어떻게 살아갈까 하는 생각뿐,
자신들의 이야기를 하는 것은 생각도 못합니다. 세계로 눈을 돌리면
팔레스타인인들이 이야기를 하려 할 때마다, 이스라엘과 얽히고설킨
이야기를 극적이고 사실적으로 전달하려 할 때마다 체계적인 공격을
받습니다. 팔레스타인 문제를 다룬 메이저 장편 영화가 한 편도
없습니다. 이들의 이야기를 무대에 올릴 때마다 비판이 일어나고
제지됩니다. 일례로 1988년에 팔레스타인 연극 단체인 하카와티
극단이 뉴욕에 순회공연을 왔는데 퍼블릭 시어터의 프로듀서 조
패프는 공연이 시작되기 직전에 계약을 취소했습니다. 조앤 트라우트의
「분노의 날」같은 다큐멘터리가 미국 공영방송 PBS에 상영될 때면
조사위원회가 꾸려집니다. 몇 주 전 보스턴의 현대예술연구소에서
최근에 팔레스타인에서 벌어졌던 사건들을 다룬 다큐멘터리 비디오를
연달아 상영했습니다. 그러자 그들은 '다른 면'을 대표하는 조사위원회가

꾸려지지 않으면 상영을 제지시키겠다고 했습니다. 우리는 항상 다른 면의 다른 면입니다. 저는 팔레스타인인들의 일관성이 자꾸 흔들리고, 공공장소에 가서 연설을 할 때면 처음부터 이야기를 시작해야 하는 이유가 바로 여기 있다고 봅니다. 또한 이 때문에 팔레스타인인들은 횡설수설하고 비인간적인 사람이 됩니다. 역사가 없는 민족 같다는 인상을 받게 되는 것이죠. 이것이 소위 소통의 시대에, 하지만 촘스키가 "여론 조작" manufacturing consent이라고 부르는 시대에 고의적으로 행해지고 있는 정책입니다. 우리에게는 커다란 짐이 아닐 수 없습니다. 우리에게는 뼈대가 되는 이야기가 없습니다. 게다가 우리 가운데 대부분은 서구 사회에 살지 않습니다. 그래서 그러한 장벽을 제거하기가 무척 어렵습니다.

<u>팔레스타인 민족이나 다른 식민화된 민족이 주도권을 쥔 권력 때문에 자신의 역사를 드러내지 못하면 어떻게 됩니까? 어떤 은유를 사용하면 좋을까요? 그런 역사를 파헤쳐야 합니까? 어떻게 복원할 수 있을까요?</u>
역사에 대해 가장 중요한 것은 파헤치는 것이 아니라 재현하는 것, 말하는 것, 역사를 말하는 사람을 공격하지 않고, 일관성을 해치지 않고 그대로 내버려두는 것입니다. 그래서 무엇보다 역사를 말하는 사람이 민족을 대표하는 사람이라고 느낍니다. 제가 볼 때는 역사에 관한 이야기가 없다는 것이 평화 회담에서 팔레스타인인들이 스스로를 대표하지 못하는『걸리버 여행기』같은 어처구니없는 상황이 생겨난 이유입니다. 팔레스타인인들은 스스로를 대표하지 못합니다. 이스라엘의 부인과 미국의 공모라는 필터를 통해야 합니다. 또 여러 조건이 붙습니다. 동예루살렘 출신이라는 것은 없습니다. 서안 출신, 가자 출신도 없습니다. 당신은 PLO와 접촉할 수 없습니다. PLO에서 일할 수도 없습니다. 심지어 PLO 소속의 사람을 볼 수도 없습니다. 당신은 독립적으로 뭔가를 할 수 없습니다. 요르단 대표단의 일부가 되어야

합니다. 깃발도 없습니다. 스스로의 목소리로 말하지도 못합니다. 국가 간 협상에서 이런 정황은 들어보지도 못했을 겁니다. 그럼에도 미국은 이런 정황을 받아들였습니다. 이스라엘이 그렇게 원했기 때문입니다. 팔레스타인 민족이 스스로를 대표한다는 것은 인간으로서 대접을 받는다는 뜻입니다. 그리고 여러분이 그들의 대표성을 부정한다면, 그들을 인간으로 대하지 않는 것과 같습니다. 지금까지도 리쿠드당과 특히 이츠하크 샤미르 총리 같은 인물이 팔레스타인인을 가리켜 "외국인 체류자"라고 부르는 이유가 바로 여기에 있습니다. 팔레스타인에는 이들의 역사가 없습니다. 9월 5일 스턴 갱* 설립 50주년을 기념하는 자리에서 샤미르 총리는 정당한 명분이라면 테러리즘을 용납할 수 있다고 말했습니다. 그러자 기자 한 명이 팔레스타인 테러리즘은 어떻게 생각하느냐고 그에게 물었습니다. 그의 대답은 그들의 명분이 정당하지 않다는 것이었습니다. "그들은 자기들 것도 아닌 땅을 달라고 투쟁하는 자들입니다"라고 말했습니다. 이런 식으로 모든 문제가 역사와 연결됩니다.

<u>애석하게도 미국의 주류 언론에서는 "놓친 기회"라는 말을 자주 하는데요. 팔레스타인인들은 항상 이런 면에서……</u>
이스라엘 외교관 아바 에반이 맨 처음 그 말을 했습니다. 많은 미국인들이 저에게 이런 질문을 하는데, 그럴 때마다 저는 그 말은 인종차별적 모욕이라고 답합니다. 우리는 물론 기회를 놓쳤습니다. 그런데 어떤 민족은 안 그런가요? 우리보고 번번이 기회를 놓치는 민족이라고 판정하는 것은 태생적으로 우리의 유전자가 무능하다고 말하는 것과 같습니다. 말도 안 되는 소리입니다. 우리는 중동 지역의 어떤 민족보다 더 많은 위험을 감수했고 더 많은 기회를 잡았습니다. 계속해서 우파의 길로 가고 있는 이스라엘보다는 확실히 더 그렇습니다. 따라서 그런 인종적 편견에 치우친 표현은 도저히 용납할 수 없습니다. <u>이와 관련해서 이스라엘 소설가 아모스 오즈가 한 말도 있습니다. 그는</u>

『리베라시옹』에서 "팔레스타인인들은 항상 히틀러, 나세르, 소련, 사담 등 잘못된 편만 들었다"고 불평했습니다.

아모스 오즈는 흥미로운 인물입니다. 다양한 면모를 갖고 있는 이 금발의 이스라엘인은 종종 헴스테드의 타운홀이나 뉴욕의 작가 그룹 모임에서 연설을 합니다. 해결책을 찾으려는 고뇌에 찬 표정으로 말입니다. 그의 말대로 점령은 우리의 영혼에 나쁘며 안 좋은 영향을 미치니까요. 그곳에서 구타와 고문으로 죽어가는 팔레스타인인들의 문제를 떠나서 말입니다. 하지만 팔레스타인인들에게 그것은 영혼이 걸린 문제입니다. 그런 점에서 아모스 오즈는 영락없는 지킬과 하이드라고 할 수 있습니다. 그는 점령은 종식되어야 한다, 우리는 다른 민족을 지배하는 일에 반대한다고 말하는 동시에, 팔레스타인인들은 역사상 최악이자 가장 사악한 민족주의 운동을 펼치고 있다는 식의 의견을 내비치니까요. 실제로 그런 말을 했습니다. 서양에서 자유주의자로 행세하기 위해 자기가 억압하는 사람들을 모질게 몰아붙이다니, 이건 정신분열증이나 다름없습니다. 19세기와 20세기에 반유대주의자들이 주장했던 내용과 완전히 똑같습니다.

원하든 그렇지 않든 당신은 미국에서 팔레스타인 민족 운동을 대변하는 인물입니다. 하지만 당신의 글을 읽어보면 민족주의 자체에 대해 상반된 감정을 갖고 있다는 생각이 듭니다. 이를테면 이런 구절이 있습니다. "그들의 귀환을 오싹하게 철컹 막아대는 것보다는, 개방된 세속의 요소를 걸어 잠그고 속죄의 보답을 않는 것보다는 차라리 우리가 여기저기 방황하는 것이 더 낫다는 생각을 가끔 한다." 여기서 당신은 누구를 말하고 있습니까?

주로 우리에 대한 이야기입니다. 팔레스타인인들은 오늘날 두 가지를

스턴 갱: 영국이 팔레스타인을 지배하던 시절에 무장투쟁을 벌였던 시온주의 단체.

의미합니다. 먼저 독립운동을 나타내는데, 여기에는 압제에 대한 저항의 형태를 띠는 민족주의 이데올로기가 바탕이 됩니다. 그런 점에서는 저도 독립운동을 지지합니다. 저도 그 일부이니까요. 하지만 민족주의에는, 특히 팔레스타인 중심으로 세상을 바라보는 시각에는 한계가 있습니다. 외국인을 배척하는 혐오증이 있고, 모든 저항적 민족주의에 따라다니기 마련인 맹목적 국수주의도 문제입니다. 따라서 우리는 이스라엘의 억압에 저항하면서도 완전히 거기에만 반응하지는 않습니다.

또 하나는 망명 운동을 나타냅니다. 저는 이쪽이 훨씬 마음이 편합니다. 우리의 망명은 1920년대 이후 서양으로 건너온 아르메니아인들과 어느 정도 비슷합니다. 그들을 문화적 민족주의자라고 부를 수 있을 겁니다. 하지만 우리의 경우 주변에 있는 아랍 세계와의 접촉이 아주 활발하기 때문에 사정이 좀 다릅니다. 아무튼 망명이라는 조건은 이제 절반이 넘는 우리 민족에게 항구적인 상태가 되었습니다. 역사상 처음으로 55퍼센트에 달하는 팔레스타인인들이 역사적으로 팔레스타인에 속했던 영토 밖에서 살고 있습니다. 이들을 위해 우리는 현재 우리 모두에게 절실한 향수, 갈망, 귀환의 꿈에 의거하지 않은 새로운 공동체 양식, 새로운 존재 양식을 모색해야 합니다. 아직은 이것을 완전하게 처리할 수 있는 단계가 아닙니다. 몹시 비극적이죠. 현재 우리는 애매한 상황입니다. 독립 운동의 일부로 살아가면서 동시에 우리가 처한 망명 상태를 진지하게 고민해야 하니까요. 하지만 좋아하든 싫어하든 모든 팔레스타인인을 대표하는 기구인 PLO에는 모든 민족주의 운동이 그렇듯이 나름의 공식 노선이 있습니다. 그래서 저는 때때로 이것이 아주 불편하지만 당연히 지지합니다. 이런 어려움이 있습니다.

『마지막 하늘 이후』 *After the Last Sky* 에서 당신은 예이츠의 시 '레다와 백조'를 인용했습니다. "짐승 같은 하늘의 피에 사로잡혀 꼼짝도 못하게 되었으니, 무심한 부리가 그녀를 놓아주기 전에 그의 힘과 더불어 그의 지식도 깨닫게 되었더라면." 여기서 레다란 누구를 의미합니까?
팔레스타인인, 혹은 팔레스타인인들의 자각입니다. 레다가 백조의 모습을 하고 접근한 제우스에게 꼼짝없이 당했듯이 어떤 면에서는 우리도 역사에 당했으니까요. 제가 팔레스타인을 떠나기 전에 그곳에서 보낸 열두 해의 유년기를 떠올려보면, 아마 뒤늦게 얻은 지혜와 향수 때문이겠지만 방패로 가려 보호하고 싶다는 생각이 듭니다. 우리들은 그곳을 빼앗겼다는 현실, 우리와 유럽에서 온 이주민 사이에 싸움이 벌어지리라는 명백한 현실로부터 눈을 가려 스스로를 보호하려 했습니다. 그러다가 1948년에 현실에 눈뜨게 되었습니다. 전 가족이 쫓겨난 겁니다. 지식과 힘에 대해 이야기해 볼까요? 무심한 부리가 여러분을 놓아주기 전에 지식을 깨달을 수 있겠습니까? 몇 달 만에 제 가족 전체가, 외가와 친가의 사촌, 조부, 삼촌, 이모 모두가 1948년에 팔레스타인에서 쫓겨났다는 것을 깨닫기까지 무려 35년이 걸렸습니다. 희미하게 인식하고는 있었지만 말입니다. 많은 이들, 특히 나이든 세대의 어른들은 그때 입은 정신적 상처에서 결코 회복되지 못했습니다. 젊은이들에게서도 문제가 반복되는 것을 봅니다. 정신적 문제, 경제적 문제 등이 되풀이되고 있습니다.

"무심한 부리"라는 말이 명확히 이해되지 않는데요. 제국주의 권력을 말하는 것 같기도 하고, 민족주의 운동을 가리키는 것 같기도 합니다.
둘 다입니다. 시의 비유를 계속 밀어붙이고 싶지는 않지만, 민족주의 경험이라고 할 수도 있고, 제국주의에 시달린 경험이라고 할 수도 있습니다. 이 두 가지가 머릿속에 떠오르는데요, 이는 또한 여러분 자신의 역사를 경험하는 것이기도 합니다. 어떻게 보면 백조가 그녀의 삶에 개입하는 것은 역사 속으로 들어가는 것입니다. 여러분은 지금 제국주의, 탈식민화, 해방 투쟁, 민족주의 운동의 저항과 성공이라는 20세기 흐름에 속해 있습니다. 우리 모두 이런 흐름의 일부입니다.

당신에게 이 점을 꼭 말하고 싶은데, 남아프리카공화국에 다녀온 뒤로 저는 팔레스타인 민족주의 운동이 최소한 1970년대와 1980년대 초에는 아랍 세계에 아주 독특한 경험이었다는 것을 훨씬 잘 이해하게 되었습니다. 덕분에 팔레스타인인들은 20세기에 벌어진 다른 탈식민화 운동과 연결되었습니다. 만델라는 요하네스버그에서 제게 이렇게 말했습니다. "우리는 팔레스타인인들을 결코 저버리지 않을 겁니다. 원칙의 문제이기도 하고, 또 여러분이 우리를 도와주었기 때문입니다." 1960년대와 1970년대에 ANC(아프리카민족회의)가 최악의 순간을 맞았을 때, 그들은 우리와 알제리 등의 도움을 받았습니다. SWAPO(남서아프리카인민기구), 니카라과, 베트남, 이란도 마찬가지였습니다. 이런 모든 저항 운동에 팔레스타인인들이 큰 도움을 주었습니다. 주로 베이루트에서 도왔죠. 이를 통해 우리가 역사 속에서 어떤 위치를 차지하는지 볼 수 있습니다. 우리는 그냥 순진하게 가축들이나 키우면서 살아가는 민족이 아니라 이런 거대한 운동의 일부입니다. 역사를 아는 것은 큰 소득입니다. 하지만 이런 운동이 어디로 이어질지는 또 다른 문제입니다.

하지만 팔레스타인인들의 경험은 다른 식민지 백성들과 비교해서 아주 특이합니다. 예를 들어 벨기에인들은 콩고를 점령했고, 다이아몬드를 채취한 다음 그 나라를 버리고 떠났습니다. 하지만 팔레스타인 문제는 다른 상황과 또 다릅니다. 당신은 이런 말을 했습니다. "시온주의는 다른 민족의 감금을 야기한 최초의 해방 운동이다."
여기서 중요한 점은 우리가 사하라나 사하라 이남의 아프리카에 정착한 백인들을 말하는 게 아니라는 것입니다. 우리가 말하는 이들은 전형적인 억압과 박해에 시달렸다가 팔레스타인에 와서는 거꾸로 또 다른 희생자를 만들어낸 민족입니다. 그래서 우리는 희생자의 희생자라는 특이한 처지에 있습니다. 이것이 가장 이례적인 점입니다.

두 번째로 이례적인 점은, 우리는 유일한 슈퍼권력이 지배하는 세계에서 해방 운동 투쟁을 벌이고 있는데, 바로 그 슈퍼권력이 적의 뒤를 봐주고 있다는 점입니다. 이런 민족은 아마 우리밖에 없을 겁니다. 그렇기 때문에 우리에게는 전략적 동맹이 없습니다. 남아프리카공화국, SWAPO, 쿠바, 니카라과, 기니비사우 모두 소련이라는 든든한 동맹이 있었는데 말입니다. 제2차 세계대전 이후 소련의 지원 없이 해방 운동이 성공한 사례는 하나도 없습니다. 우리에게는 소련이 없습니다. 없을 뿐만 아니라 보이지도 않죠. 그리고 남아공에는 이웃하는 아프리카 국가들이 있듯이 우리에게도 이웃 아랍 국가들이 있는데, 시리아, 요르단, 레바논 모두 팔레스타인인들이 학살당했던 곳입니다. 시리아 같은 곳에서는 민족주의 운동에 대해 엄청난 적의와 증오를 보입니다. 이것이 두 번째로 이례적인 점입니다.

세 번째는 해방 운동 도중에 국가 독립이라고 하는 독립 운동으로 바뀌었다는 것입니다. 오랫동안 우리는 투쟁에서 두 가지 전선을 함께 펼쳤습니다. 그리하여 한편으로는 팔레스타인 해방을 부르짖어 PLO가 결성되었고, 다른 한편으로는 팔레스타인 국가 주권과 독립을 원하기 때문에 독립 운동을 벌이고 있습니다. 대단히 복잡합니다. 우리는 주권이 없는 상황에서 탈식민화 해방 운동을 벌이고 있으니까요. 다른 운동에는 모두 주권이 있습니다. 우리가 처한 식민주의 상황은 아주 독특해서 참고할 만한 선례가 없습니다. 그들에게 가장 좋은 일은 팔레스타인인이 죽거나 사라지는 것입니다. 그들은 우리를 착취하거나 알제리나 남아프리카에서 그랬듯이 하위 부류로 잡아두고 싶어하는 것이 아닙니다. 서안과 가자 지구에서는 그렇게 합니다. 그곳에서 팔레스타인인들은 자신의 것을 빼앗아간 민족을 위해 정착촌을 만들고 있습니다. 하지만 그곳에 살고 있는 팔레스타인인들을 인간으로서 어떻게 대우해야 할지 계획하거나 생각하는 일은 거의 없습니다.
역사학자 콜린 번디는 남아공 문제에 관한 이론을 만들어낸 학자입니다.

그는 이주민이 아니라 원주민 백인들이 사회를 지배하기 때문에 이를 "독특한 유형의 식민주의"라 부릅니다. 이 문제는 팔레스타인에도 똑같이 적용됩니다. 오히려 "훨씬 더 독특한 유형의 식민주의"라 불러야 할 겁니다. 막중한 부담이 아닐 수 없습니다.

<u>당신이 학문과 문학과 음악에 정통했다는 것은 일찍부터 알았는데요. 하지만 정치 영역에서는 주류 언론매체로부터 "공인된 아랍인"이라는 칭호를 듣고 있습니다. 이런 일이 당신에게 어떤 영향을 미쳤습니까?</u>
거기에 대해서는 많이 생각하지 않습니다. 당신에게 준 인터뷰 자료나 짤막한 방송 출연 자료는 대부분 시시하고 별 소득도 없습니다. 그래서 더 이상 생각하고 싶지 않습니다.

<u>"인질에 대해서는 어떻게 생각하세요?", "테러리스트들은 어떻게 생각합니까?" 같은 질문도 있던데요.</u>
맞습니다. 인질 사태가 벌어졌을 때 곳곳에서 저에게 관심을 가졌습니다. 저는 인질에 대해 아는 게 거의 없고 관심도 없는데 말입니다. 『투데이 쇼』에서 저에게 연락해서 윌리엄 만의 석방에 대해, 혹은 그에 앞서 석방된 누군가에 대해 인터뷰하고 싶다고 말합니다. 그러면 저는 이렇게 대답하죠. 좋아요, 하지만 지금도 정치적인 이유로 이스라엘의 서안과 가자 지구에 갇혀 있는 1만 5,000명의 팔레스타인인들에 대해서도 말하면 안 될까요? 그들은 안 된다고 합니다. 경우가 다르다면서요.

<u>우리에게 조사위원회가 있어야겠네요.</u>
결국 어떤 주제를 선택하느냐의 문제입니다. 항상 요구받는 주제가 있습니다. 누군가가 지적해서 어쩔 수 없이 검토해야 하는 주제도 있는데, 무시해도 좋은 이런 주제에 저는 흥미가 없습니다. 솔직히 밝히자면 지금 제 관심사는 정치적 문제가 아니라 도덕적 질문입니다.

지식인, 작가, 화가, 예술가, 극작가 등이 여기에 주목하게 하는 데
아주 관심이 많습니다. 왜냐하면 도덕의 문제는 이들에게 큰 영향을
미치니까요. 유대인만이 아닙니다. 대부분은 유대인이지만, 미국인도
있습니다. 미국인들과 유대인들이 여기에 관여하고 있습니다.
미국인들은 서안과 가자 지구를 점령하는 데 필요한 자금을 대고
있습니다. 그리고 이를 위해 내세운 것이 유대민족의 이름입니다. 실제로
이들이 관심이 있든 지지하든 상관없이 말입니다. 샤미르 총리는 이것이
다 이스라엘의 안보를 위해서라고 했습니다. 이스라엘은 그곳 시민만이
아니라 세계 곳곳에 사는 유대민족의 나라입니다. 따라서 저는 남아공하면
사람들이 아파르트헤이트를 떠올리듯 이스라엘 하면 점령을 떠올리게
하고, 팔레스타인인이자 미국인인 제 자신이 그 문제에 관심을 갖는
미국인과 유대인과 연합하는 것이 대단히 중요하다고 생각합니다. 일종의
재연결입니다. 현재 가장 시급하게 행해져야 할 일이 바로 이것입니다.

<u>최근에 가슴 뭉클한 경험을 했다고 들었습니다. 무릎 수술을 받고
뉴욕에서 택시에 올라 운전기사와 이야기를 나누었다고 말입니다.</u>
이스라엘 운전기사 얘기군요. 저를 보더니 어디 사람이냐고 묻더군요.
자신은 이스라엘인이라고 했고, 저는 괜찮다며 팔레스타인인이라고
했습니다. 잠시 침묵이 흐르다가 그가 말하기를 자기는 거들지 않았다고
하더군요. 저도 서안에서 협조하지 않겠다고 거부했습니다. 미국에 온
데에는 그런 이유도 있고요. 이어 그는 자기들이 다 나쁜 사람은 아니라고
말했습니다. 모든 이스라엘인을 곤봉으로 아이를 내리치는 경찰로
생각하지는 말라며 저를 설득시키려 애썼습니다. 그러더니 그가 이런
말을 했습니다. '우리는 친구가 될 수 있어요, 안 그래요?' 그래서 제가
그랬습니다. '물론이죠. 당신 같은 사람과 친구가 되면 참 좋겠네요.'
마치 우주에서 같은 행성인끼리 만난 기분이었습니다. 차에서 내려 아픈
다리를 이끌고 절뚝거리며 여기저기 걸었습니다. 갑자기 그런 생각이

들더군요. 잠깐 동안이었지만 어떤 의미에서 미래를 위한 중요한 순간을 그냥 날려버렸다는 생각이 들었습니다. 서로가 돌아다니다가 그저 우연히 만난 것일 뿐, 그 상황에서 중요한 어떤 것도 이루어지지 않았으니까요. 후회스러웠습니다. 그러고 나자 의미 있고 영속적인 방식으로 그와 같은 만남을 조직할 방법이 있어야겠다는 생각을 했습니다.

메이어 카하네*가 뉴욕에서 살해되었을 때 제일 먼저 당신이 생각났습니다. 그 당시 당신도 비슷한 위험에 처했었는데요. 하고 있는 일이 두렵지 않으세요? 어떻게 대처하십니까?
그 문제는 되도록이면 생각하지 않으려고 합니다. 제가 살고 있는 맨해튼 어퍼웨스트사이드의 일반 시민들도 아마 비슷한 위험을 느끼며 살아갈 겁니다. 거리에 나가면 총으로 쏴죽이겠다고 위협하는 광신자를 만날 수 있으니까요. 그런 문제에 부딪칠 때 최악은 지레 겁을 먹고 무능해지는 것입니다. 그냥 제 갈 길을 가고 적당하게 조심하면 됩니다. 당사자보다 주변 사람들이 더 불안해지게 마련입니다. 아랍 단체로부터 위협을 받은 적도 있고, 중동에서 위험인물 리스트에 여러 차례 올랐습니다. 그냥 제 갈 길을 가면서 안위를 걱정하는 대신 말과 행동을 조심하는 것이 낫습니다.

팔레스타인 문제에서 또 하나 언급해야 할 점은 기독교도들이 활발하게 활동한다는 점입니다. 사람들이 잘 모르고 있는 사실인데요. 조지 하바시, 나예프 하와트메가 그렇듯이 당신도 기독교도입니다. 이것을 어떻게 설명할 수 있을까요? 제가 잘못 알고 있는 것일지도 모르겠지만, 민족주의 운동의 전선에서 활동하는 교수, 건축가, 의사 등을 보면 기독교도의 비율이 두드러지게 높은 것 같습니다.
오리엔탈리스트들은 이것을 흔히 두 가지로 설명합니다. 첫 번째 설명은 이렇습니다. 중동의 기독교도들은 스스로가 공동체에서 가치

있는 인물임을 입증하려고 애쓴다는 것입니다. 그들은 다수를 차지하는
수니파를 두려워 한다. 그런 공동체에서 신임을 얻으려면 일반
무슬림보다 더 민족주의적이고 투쟁에 더 적극적임을 보여야 한다.
소수자들이 공동체 내부에서 느끼는 불안을 자신을 증명하는 방식으로
표출하는 셈이다. 이를 위한 하나의 방법이 다수자를 공격하는 것인데,
우리의 경우에는 과도한 동일화로 집단을 결속한다는 것입니다.
오리엔탈리스트들이 두 번째로 드는 이유는 기독교도가 무슬림보다
태생적으로 더 높은 계급이라는 것입니다. 대부분의 기독교도는
서양에서 교육을 받습니다. 서양 언어를 말하고 서구화된 가족생활을
합니다. 따라서 다른 이들보다 수준이 높으므로 운동에 참여하는 것을
중요하게 여긴다는 것입니다.
제가 볼 때는 기독교도든 무슬림이든 민족주의 운동에 참여하는 것은
아주 자연스러운 일입니다. 만약 팔레스타인에서 기독교도가 된다는
것이 각별하다면, 그것은 우리가 속한 팔레스타인 지방에서 2000년간
기독교가 존재해 온 것을 많은 사람들이 자랑스러워하기 때문입니다.
그러므로 우리의 민족 공동체에서 적극적인 몫을 담당해야 하는 특별한
의무가 있습니다. 우리 모두 이런 의무를 느끼죠. 저도 오랜 세월 동안 이
투쟁에 관여해왔습니다. 제 많은 가족과 당신이 언급한 모든 사람들도
마찬가지입니다.
우리들 중 다수자로부터 조금이라도 차별을 당했다고 느끼는 사람은
아무도 없습니다. 이것은 제가 마지막으로 언급하고 싶은 사항과
연결되는데, 아랍 세계에서 소수자와 다수자의 관계라고 하는 것은
유럽인들이나 서양인들에게 쉽게 이해되지 않습니다. 이들은 항상 서양의
인종 차별이나 소수자 차별의 관점에서 생각하니까요. 아랍 세계에서는
그렇지 않습니다. 그렇다고 여기서는 소수자들이 항상 편안하게 지내고

메이어 카하네 Meir Kahane(1932~1990): 팔레스타인 지역에서 아랍인들을 모두 몰아내야
한다고 주장했던 극렬 반아랍주의자 유대교 랍비.

억압이 전혀 없다는 말은 아닙니다. 물론 있습니다. 하지만 제가 보기에 전체적으로 서양에서 소수자와 다수자 사이에서 벌어지는 불안과 스트레스에 비하면 훨씬 건강하고 자연스럽고 편안합니다.

당신은 "승리의 장소에는 모든 사람이 함께할 자리가 있다"는 에메 세제르*의 말을 즐겨 인용합니다.

네. 동질성의 문제인데요. 누군가가 어느 집단에 속해 있을 때 그 집단의 구성원 모두가 완전히 똑같아야 하고, 다수자 집단이 모든 권리를 갖는다는 생각에는 심각한 문제가 있습니다. 저는 그런 식으로 자라지 않았습니다. 시리아인은 시리아, 레바논인은 레바논, 요르단인은 요르단, 이집트인은 이집트에만 있어야 한다는 식으로 중동 국가들이 지역과 이웃에 따라 서로 갈라서는 경향은 상당히 최근에서야 일어난 일입니다. 제가 어렸을 때는 가령 레바논에서 요르단, 시리아, 팔레스타인, 이집트로 자유롭게 넘나드는 것이 가능했습니다. 제가 다니던 학교에도 다양한 인종의 아이들로 가득했습니다. 아르메니아인, 무슬림, 이탈리아인, 유대인, 그리스인과 같은 학교에 다니는 것이 너무도 자연스러웠는데, 레반트 지역에서는 다들 그렇게 자랐으니까요. 지금 우리가 목격하는 새로운 분열과 인종주의는 비교적 최근에 나타난 현상으로 제게 너무도 낯섭니다.

저는 이런 현상이 싫습니다. 그래서 세제르의 구절이 제게는 중요한 의미를 갖습니다. 모두를 위해 자리를 마련해 주자는 꿈 말입니다. 왜 꼭 다른 사람 위에 올라서야 합니까? 왜 가장 먼저 승리의 장소에 올라 다른 사람들이 못 오르게 밀어내야 합니까? 이런 일은 완전히 잘못된 것입니다. 최근에 제가 쓴 여러 글에서 하나같이 반대한 것이 있다면, 억압받은 자들이 승리의 장소에 오르면 다른 사람들을 억압하리라는 정치적 다짐입니다. 이것은 해방의 개념과 완전히 어긋납니다. 그들은 승자의 특권으로 다른 사람들을 밀어낼 수 있다고 여깁니다. 그것은 우리가 투쟁하는 이유와 맞지 않습니다. 저는 이런 의견에 반대합니다. 그것은 민족주의의 또 다른 함정입니다. 프란츠 파농*은 이를 "민족주의 의식의 함정"이라고 불렀습니다. 민족주의 의식 자체가 목적이 되고, 특정한 민족이나 인종 혹은 국가의 정수가 특별하다는 거의 날조된 생각이 문명이나 문화나 일개 정당의 강령으로 자리 잡으면, 인류 공동체는 더이상 유지될 수 없습니다.

문학적 표현으로 대담을 마무리해 보죠. 당신의 작품에는 시가 많이 등장하는데요. '예이츠와 탈식민주의'Yeats and Decolonization라는 제목의 에세이를 보면 파블로 네루다의 이런 구절이 나옵니다. "나를 통해 자유와 바다가 장막에 덮인 마음에 화답하리라."
멋진 구절입니다. 번역이 얼마나 정확한지는 모르겠습니다만, 한마디로 인간은 꽉 막힌 수용체가 아니라 다른 것들을 흐르게 하는 도구라는 뜻입니다. 다른 사람들의 광경과 소리, 몸과 생각을 자기 속에 새겨 상대방이 되기도 하고, 바다처럼 많은 것을 안에 품었다가 인간 존재의 양태인 장막과 장벽과 문과 벽을 활짝 열어젖히는 여행자로 인간을 바라보는 것입니다. 바로 그런 의미입니다.
다소 편협하게 들릴지도 모르지만, 저는 팔레스타인에는 어떤 의미에서 일종의 보편성이 있다고 생각합니다. 사실 예루살렘은 지시적인 권력의 중심지입니다. 제가 떠나온 도시인 예루살렘은 독특한 지위를 차지하고 있습니다. 적어도 실존적, 상상적 지위에서는 평범한 일개 도시가 아닙니다. 따라서 예루살렘을 그저 하나의 도시라거나 기독교가 시작된 곳이라거나 그리스정교회 대주교의 본산지일 뿐이라고 생각한다면

에메 세제르 Aimé Cèsaire(1913~2008): 흑인 해방 운동에 앞장섰던 프랑스의 시인이자 정치가.
프란츠 파농 Frantz Fanon(1925~1961): 서인도의 프랑스령 달티니크 출생의 흑인 혁명 사상가. 알제리 혁명과 민족해방 전선(FLN)의 지도자의 한 사람으로 활약했다. 저서 『대지의 저주받은 자들』은 탈식민지 운동에 큰 영향을 미쳤다.

그곳의 가치를 깎아내리는 것입니다. 거의 모든 정치 프로그램이 이렇게 예루살렘의 권위를 깎아내리려고 할 만큼 그곳의 위상은 대단합니다. 요르단인들도 마찬가지였습니다. 아랍인들은 예루살렘을 동서로 나누려고 하는데 저로서는 도저히 받아들일 수 없습니다. 예루살렘 같은 곳의 상상적 지위는 경비대나 기지나 경찰력이 부과하는 것이 아니라 예루살렘 시민들의 삶에서 실현된다는 것이 제 생각입니다.

과거 터키 동부의 아르메니아 지역에 살던 아르메니아인들은 예루살렘으로 순례를 떠났다가 집으로 돌아오는 것을 '하지'hajji 라고 불렀습니다.
메카와 메디나로 떠나는 순례자를 가리키는 아랍어인데, 그 개념은 예루살렘에도 적용됩니다. 그것을 '히라'라고 하는데, 이주를 뜻하지요. 히라와 하지 모두 중요한 의미를 지니고 있습니다. 순례의 여행에서는 떠났다가 돌아오는 것이 아주 중요합니다. 귀환과 망명 가운데 하나만 봐서는 안 되고 둘 다 봐야 합니다.

3

문화와 제국주의

ⓒ 아영민

1993년 1월 18일

지식인들이 정의와 진실을 대변해야 할
책임이 있는가, 거짓말을 해도 되는가,
이렇게 물어야 합니다.

데이비드 버사미언: 『문화와 제국주의』에서는 오리엔탈리즘을 어떤 식으로 살펴보고 있습니까?

에드워드 사이드: 『오리엔탈리즘』은 여러 입장을 다루고 있지만 그래도 상당히 제한적인 작업이었습니다. 그 책에서 제가 관심을 기울인 것은 서양이 동양을 바라보는 인식과 이런 관점이 동양의 지배로 변형되는 과정이었습니다. 이를 위해 1800년부터 현재까지로 폭을 좁혀 이슬람 세계를 들여다보았습니다. 서양의 관점, 서양의 이해로만 현상을 살펴보았는데, 저를 비판하는 사람들은 이것을 크게 오해했습니다. 서양 전체가 아니라 서양의 한 측면을 과장해서 말했다는 것입니다. 하지만 저는 서양이 획일적으로 하나라고 주장하지 않았습니다. 중동의 정책과 지배에 관해 영국, 프랑스, 미국의 관점을 집중적으로 살펴본 것입니다. 『문화와 제국주의』는 어떻게 보면 그 작업의 후속편입니다. 중동 지역은 많이 언급하지 않고, 인도, 아프리카, 카리브 해, 오스트레일리아, 기타 서양 자본이 많이 투자된 지역들을 중점적으로 논의했습니다. 다들 제국이나 식민지 통치의 경험이 있는데, 인도는 두 가지가 조합된 경우입니다. 또 하나 차이가 있습니다. 다루는 시기는 18세기 말부터 현재까지로 같지만, 상당 부분을 『오리엔탈리즘』의 논의에 의존하고 있는 『문화와 제국주의』는 거기서 더 나아가 제가 다루고 있는 지역에서 일어난 서양에 대한 반응, 서양에 대한 저항을 들여다봅니다. 즉 유럽과 미국의 작가와 정책만을 들여다본 『오리엔탈리즘』과 달리, 『문화와 제국주의』에서는 제국주의에 대한 반응으로 일어나 20세기로 이어지면서 '민족주의'로 성장하게 된 위대한 저항의 문화를 들여다봅니다. 그래서 카리브 해, 라틴아메리카, 아프리카, 아시아의 저항 시인, 작가, 투사, 이론가들을 조명합니다.

그러니까 주로 문학이라는 틀을 통해서만 바라보는 것은 아니군요.
서양의 문학이 주요 관점은 아닙니다. 그래도 문학에 상당한 비중이

있습니다. 왜냐하면 비유럽 세계에 대한 많은 태도와 언급은 문화적
자료라는 것에 의해 상당 부분 형성되기 때문입니다. 여기에는 물론
문학적인 작품과 내러티브가 포함됩니다. 제가 볼 때 소설은 제국이
나머지 세계를 바라보는 태도를 형성하는 데 엄청나게 중요한 역할을
합니다. 흥미롭게도 저는 러시아에서 발견되는 유형의 제국주의에는
별 관심이 없습니다. 러시아인들은 인접한 곳을 치고 나아갔을
뿐입니다. 동으로 남으로 인접한 나라를 밀고 갔죠. 저는 유럽,
특히 영국과 프랑스처럼 해안을 훌쩍 뛰어넘어 해외 지배 정책을
수립하고 시행했던 사례에 훨씬 더 관심이 갑니다. 영국은 자신들의
해안에서 8~9,000마일이나 떨어져 있는 인도를 무려 300년 동안이나
지배했습니다.

<u>그것도 10만 명의 인력만으로 말이죠.</u>
참으로 놀라운 사실입니다. 본국과 식민지 사이에는 엄청난 지리적
거리가 있지만, 예를 들어 프랑스와 알제리 같은 경우에는 멀리 떨어진
식민지가 프랑스에 흡수되어 하나의 데파르트망*이 되었습니다.
카리브 해의 마르티니크와 과들루프는 지금까지도 프랑스령입니다.
저는 아일랜드도 상당히 주목하고 있습니다. 대대로 유럽의
식민지였으니까요. 이 책에서 저는 영국과 프랑스가 해외 이주와 지배를
개척한 방식을 살펴보았습니다. 1945년 영국과 프랑스 제국이 해체되고
미국이 주도권을 쥐면서 탈식민화 시대가 시작되었지만, 이후로도
비슷한 일은 계속되고 있습니다.

<u>당신은 문화가 제국주의의 원동력이었다고 주장합니다. 그러면서 윌리엄
블레이크*의 구절을 인용합니다. "제국의 토대는 예술과 과학이다.
이것을 제거하거나 타락시키면 제국은 무너지고 만다. 영국인들이
생각하듯 예술이 앞서가면 제국이 뒤를 따른다. 그 반대가 아니다."</u>

제국주의를 다루고 있는 수많은 경제, 정치, 역사 문헌들의 커다란 허점 가운데 하나는 제국을 유지하는 데 문화가 공헌한 역할에 거의 주목하지 않는 것이라고 생각합니다. 조지프 콘래드는 이 점을 예리하게 간파한 작가였습니다. 그는 경제적 이익이 제국의 이념을 추동한 동기 가운데 하나인 것은 분명하지만, 생각만큼 결정적인 것은 아니었음을 이해했습니다. 로마, 스페인, 아랍 같은 초창기 제국과 19세기 영국, 프랑스 같은 근대 제국의 차이점은 후자의 경우 계속해서 투자가 이루어지는 체계적인 사업이라는 점입니다. 그냥 한 나라에 가서 약탈하고 원하는 것을 다 얻었으면 떠나는 것이 아닙니다. 콘래드가 말했듯이 근대 제국은 봉사의 개념, 희생과 속죄의 개념을 요구합니다. 여기서 프랑스의 유명한 "문명화의 사명"이라는 개념이 나왔습니다. 그저 우리만 잘 살겠다고 식민지를 지배한 것이 아니라 그곳에 사는 원주민들에게도 혜택을 주러 갔다는 뜻입니다. 존 스튜어트 밀 같은 사람은 인도가 원해서, 그곳의 영토와 백성들이 자신들의 지배를 간절히 원해서 그곳에 갔다고 말했고, 러디어드 키플링*은 몇몇 작품에서 영국 없는 인도는 나락으로 떨어질 것이라고 했습니다.

제가 특별히 관심을 갖는 것은 이런 생각들의 집합체입니다. 놀랍게도 이런 생각들은 본국의 중심지에서 대체로 아무런 비판 없이 받아들여졌습니다. 오늘날 우리가 아주 존경하는 토크빌이나 밀 같은 사람들과 19세기 말에 시작된 여성 운동에서도 이런 모습을 발견할 수 있습니다.

제인 오스틴도요.

제인 오스틴은 색다른 경우입니다. 그녀는 훨씬 이전의 사람입니다.

데파르트망: 프랑스의 행정구역으로 미국으로 치면 카운티, 우리나라의 경우 군에 해당한다.
윌리엄 블레이크 William Blake(1757~1827): 영국의 낭만주의 화가이자 시인.
러디어드 키플링 Joseph Rudyard Kipling(1865~1936): 『정글북』으로 유명한 영국의 작가.

지금 제가 말하는 것은 자유 운동, 진보 운동, 노동자 운동, 페미니스트 운동 같은 조직적인 운동입니다. 그들은 전반적으로 볼 때 제국주의자들입니다. 제국주의에 전혀 반대하지 않았습니다. 식민지의 원주민들이 제국의 통치에 저항하기 시작하고 이런 생각들이 계속 무비판적으로 받아들여지기 어려워지자, 그제야 유럽과 미국에서 변화가 일어났습니다. 장 폴 사르트르 같은 사람들이 알제리를 지지하며 그들의 이익을 변호했죠. 그전까지는 대체로 제국주의에 공모하는 분위기였습니다. 물론 그전에도 제국주의에 반대했던 윌프리드 스카웬 블런트* 같은 소수의 저항적인 인물이 영국에 있긴 했습니다.

하지만 문화라는 허울 뒤에서는 공권력, 압제, 협박을 동원하여 제국에 협조하도록 강요하지 않았을까요?
물론입니다. 하지만 우리는 인도에서 영국 군대가 얼마나 드물게 동원되었는지 이해해야 합니다. 그들이 다스려야 했던 영토의 크기를 생각하면 대단히 드문 일이었습니다. 대신 이데올로기를 통해 갈등을 제거하는 프로그램이 작동했습니다. 예를 들어 1830년대에 공표된 인도의 교육 체계에 따르면, 영국 지배 하의 인도에서는 아이들에게 영국 문화가 인도 문화보다 우월하다고 가르치도록 명시했습니다. 물론 저항이 있었습니다. 1857년 '인도 항쟁'*이 대표적인 예인데, 그러자 군대가 동원되어 무자비하게 진압했습니다. 이어 허울 좋은 구실이 다시 세워졌고, 우리는 너희들을 위해 이곳에 왔다, 너희들에게 이롭다 라고 말하기 시작했습니다. 이렇게 무력이 행사되기도 했지만, 제가 볼 때 선별적으로 집행되었던 무력보다 훨씬 위력적이었던 것은 식민지 백성들의 마음속에 주입된, "서양의 지배를 받는 것이 우리의 운명"이라는 생각이었습니다.

1800년대 초에 영국 소설이 본국인 영국보다 인도에서 먼저 연구되었다는 사실을 지적하지 않으셨던가요?

영국 소설이라기보다는 근대 영국 문학이라고 해야겠죠. 예전에 제 학생이었고 지금은 동료인 가우리 비스와나단이 『정복의 가면』 *Mask of Conquest* 이라는 책에서 밝히고 있는 사실입니다. 그녀의 주장은 근대 영국 문학이 본국인 영국에서 대학 연구 과목으로 채택되기 전에 인도에서 먼저 교육되었다는 것입니다. 문화와 문화에 대한 개념이 없다면, 위대한 지식과 사상이 없다면, 결국 무정부 상태, 무법천지 사회가 된다. 이런 생각은 그녀의 가족이 오랫동안 몸담고 있었던 인도의 맥락에서 나온 것입니다.

당신은 조지프 콘래드와 그의 작품에 대해 지속적인 관심을 갖고 계신데요. 특히 『암흑의 핵심』을 자주 언급합니다.

제가 관심이 있는 것은 『암흑의 핵심』만이 아닙니다. 마찬가지로 위대한 소설이라고 생각하는 『노스트로모』 *Nostromo* 가 몇 년 뒤인 1904년에 출간되었는데, 이 작품은 라틴아메리카에 관한 것입니다. 콘래드는 유럽 제국주의를 가장 예리하게 바라본 목격자입니다. 그는 제국의 온갖 탐욕스러운 면에 대해 여러 방면으로 가혹하게 비판했습니다. 특히 콩고를 지배한 벨기에인들을 혹독하게 비판했죠. 무엇보다 그는 제국이 비단 식민지 백성뿐만 아니라 제국에 봉사하는 사람들까지도 슬그머니 물들인다는 사실을 간파했습니다. 『암흑의 핵심』뿐만 아니라, 특히 『노스트로모』에는 봉사한다는 착각이 사람을 유혹하고 매료시켜 결국에는 총체적인 부패를 낳는 모습이 잘 드러납니다. 책에서 여러 차례 지적했지만 제가 볼 때 콘래드의 문제는 여러 면에서 제국주의에

윌프리드 스카웬 블런트 Wilfrid Scawen Blunt(1840~1922): 영국의 이집트 지배에 대해 저항한 시인.
인도 항쟁: 1857년 세포이 항쟁의 결과 영국 동인도 회사는 해체되었고, 영국은 인도의 지위를 '영국령 인도 제국'으로 재편했다. 이에 따라 군사, 재정, 행정 등 모든 분야가 개편되었다.

반대했으면서도 결국에는 제국주의를 피할 수 없는 것으로 생각했다는 점입니다. 콘래드뿐만 아니라 당시의 모든 사람들이 다 그랬습니다. 원주민들이 자신들의 운명을 스스로 거머쥐고 나아갈 수 있으리라고는 아무도 생각하지 못했습니다. 그렇다고 제가 그를 비판하는 것은 아닙니다. 어쨌든 그는 유럽 중심의 세계관 속에서 살았으니까요. 그에게 제국주의는 여러 면에서 나쁜 것이었고, 온갖 악습으로 가득했고, 백인과 백인이 아닌 모두를 고통스럽게 했지만, 대안이 없었습니다. 콘래드는 해방이니 독립이니 식민주의 철폐니 제국주의로부터의 자유니 하는 것을 이해하지 못했습니다. 그것이 그의 가장 비극적인 한계라고 생각합니다.

결국 그의 작품은 제국주의를 인정했다는 말이군요.
실은 좀 더 복잡합니다. 어떤 면에서 보자면 그가 소설에서 한 일은 제국주의자의 모험을 반복한 것입니다. 그의 소설을 보면 대부분 고향을 떠난 사람들이 미개척지에 도착하면서 시작합니다. 아프리카의 "암흑의 핵심"에 가거나 『노스트로모』에서는 라틴아메리카에 가죠. 거기서 주인공은 그곳 사람들을 돕겠다는 봉사의 일념을 마음속에 새깁니다. 물론 그 과정에서 자신들도 부유해집니다. 제가 말하려는 것은 콘래드가 이런 과정에 찬성했다는 것이 아닙니다. 그는 이것을 불가피하다고 보았습니다. 그래서 다른 사상으로 대체되어야 한다고 비판하지 않았습니다. 그는 외부자의 위치에 서서, 유럽은 다른 국가들을 개척하고 부패하고 사멸하는 주기를 반복할 수밖에 없는 운명이라고 여겼습니다.

플로베르, 발자크, 테니슨, 워즈워드, 디킨스 같은 소설가들을 살펴볼 때면 자칫 과거의 렌즈에 현재의 필터를 들이댄다는 비판을 받기가 쉽습니다.
저는 가급적 그러지 않으려고 노력합니다. 제가 집중적으로 살펴보는 것은 이런 소설가들 - 당신이 언급한 것은 일부일 뿐인데 - 이 실제로 말한 정확한 텍스트입니다. 저는 그들이 실제로 말한 내용만을 근거로 삼았습니다. 또 현재의 잣대로 그들을 비난하지 않았습니다. 저는 책 서두에서 누구를 비난하는 일에는 전혀 관심이 없음을 명확하게 밝힙니다. 그들과 그들의 관점은 이미 존재하지 않습니다. 이 책의 3장에서 다룬 거대한 탈식민화 물결에 밀려 패배했습니다. 하지만 우리가 이런 문화적 기록을 살펴보면서 탐욕스러운 제국주의 경험을 면책해주려는 것은 잘못이라고 생각합니다. 실제로 이들 작가 가운데 상당수는 영국의 식민주의를 이해했고 당연시했다는 사실 때문에 오히려 더 흥미롭습니다.

예컨대 제인 오스틴의 『맨스필드 파크』에 대해 글을 쓸 때는 소설에 나와 있는 사실을 근거로 평을 합니다. 제가 멋대로 덧붙인 것이 아닙니다. 맨스필드 파크의 영주 토머스 버트램은 안티구아에서 노예들이 일하는 사탕수수 농장을 운영해 맨스필드 파크의 금고를 채웁니다. 따라서 영국의 아름다운 영지와 평온한 휴식은 안티구아에서 노예들이 생산한 사탕수수에 의존하는 것입니다.

저처럼 문학사를 가르치는 사람들은 정치와 역사 논의를 회피하려는 경향이 있습니다. 예술 작품만 보는 것입니다. 예술 작품 감상에 관해서라면 누구에게도 뒤지지 않는다고 자부하는 저도 제가 좋아하고 존경하는 작가들만을 다룹니다. 하지만 멋진 예술 작품이라고 말하는 것만으로는 충분하지 않다고 말합니다. 저는 작품을 그들의 역사 속에 위치시키기 위해 노력합니다. 예를 들어 콘래드 이후 얼마나 많은 아프리카 작가들이 『암흑의 핵심』을 다시 썼는지 보여주려 합니다. 이것이 '되받아 쓰기'라고 하는 과정입니다.

따라서 제인 오스틴의 소설은 그저 영국에 관한 소설이 아니라 카리브 해에 관한 소설이라고 말해야 합니다. 이 작품을 이해하려면 다른 카리브 해 작가들이 서술한 카리브 해의 역사를 알아야 합니다. 우리에게 필요한 것은 제인 오스틴이 바라본 카리브 해의 관점만이 아닙니다. 다른 관점들도 필요합니다. 제가 주장하는 것은 많은 목소리들이 어우러져서 하나의 역사를 구성하는 일종의 '대위법적 독서'입니다.

제국주의 경험은 사실 서로 연관되는 역사들의 총합입니다. 그래서 인도의 역사와 영국의 역사는 함께 고려해야 합니다. 저는 분리주의자가 아닙니다. 저는 분석적으로 정치적으로 떼어 놓았던 여러 경험들을 하나로 통합하기 위해 노력하고 있습니다.

<u>E.M. 포스터도 당신이 자주 거론하는 작가인데요.</u>
『하워즈 엔드』에는 나이지리아의 농장을 언급하는 대목이 나옵니다. 그냥 언급만 한 것이 아닙니다. 하워즈 엔드를 소유한 윌콕스 가는 앵글로 나이지리아 고무 회사의 소유주이기도 합니다. 따라서 이들 가문의 부는 아프리카에서 온 것입니다. 하지만 대부분의 비평가들, 가령 라이오넬 트릴링*의 포스터에 관한 비평집을 보면 이런 사실이 언급되지 않습니다. 책에 나와 있는데도 말입니다. 제가 하려는 일은 서양의 위대한 문화적 유산의 이런 측면을 강조하는 것입니다. 오스트레일리아, 북아프리카, 중앙아프리카 등 다른 지역의 문화적 자료를 검토할 때도 마찬가지입니다. 우리는 이런 자료를 포괄적으로 다루어야 합니다. 대단히 중요한 문제입니다. 『하워즈 엔드』의 첫머리에 나오는 "단지 연결하라"only connect는 말을 기억하실 겁니다. 서로 연결하는 것이 중요합니다. 『문화와 제국주의』에서 제가 행한 작업이 바로 이런 것입니다. 그렇다면 당대의 시대정신을 비판 없이 그냥 받아들이는 겁니까? 비판은 거대한 저항 운동을 통해 벌어집니다. 저항 운동이 결국에는 제국을 패배시킨 것이죠.

서구 제국은 제2차 세계대전에서 살아남지 못했습니다. 1885년에 인도에서 결성된 인도 국민회의*의 주역들은 1947년 영국이 인도를 떠난 뒤에 정권을 잡았습니다. 여기서 제가 말하려는 것은 아프리카,

아시아, 라틴아메리카에서 벌어진 모든 거대한 저항 운동의 역사를 되짚어보면 백인의 도착에 최초로 저항했던 인물로 거슬러 올라간다는 점입니다. 모든 저항에는 이렇듯 연속성이 있습니다.
예컨대 1962년에 프랑스를 물리치고 독립을 이뤄냈던 알제리의 FLN(민족해방전선)은 자신들이 1830년 에미르 압델 카데르*가 시작했던 저항 운동을 이어받았다고 주장합니다. 자신들과 카데르는 같은 역사에 속한다고 생각했던 것이죠. 제가 말하려는 요점이 바로 이것입니다.
투쟁의 역사를 연속선상에서 바라보는 것입니다. 제국주의는 하나의 관점을 다른 관점에 일방적으로 강요하는 것이 아닙니다. 경합과 연합을 통해 서로 형성되는 경험입니다. 우리는 이것을 꼭 기억해야 합니다.

알제리에 대해 말했으니 알베르 카뮈로 넘어가 봅시다. 당신은 그를 "대단히 흥미로운 인물"이라고 말하는데요. 노벨상 수상자인 카뮈는 인간 조건을 예리하게 꿰뚫어본 인도주의적 작가로 관용의 상징이자 파시즘에 대한 저항의 상징입니다. 하지만 당신이 바라보는 그의 모습은 상당히 다릅니다.
카뮈가 대단한 작가라는 것은 분명한 사실입니다. 많은 점에서 본보기가 될 만한 소설가이죠. 그는 확실히 저항에 대해 말합니다. 하지만 제가 불편하게 여기는 점은 그의 글이 그의 맥락, 그 자신의 역사로 읽힌다는 점입니다. 카뮈의 역사는 식민의 역사, 검은 발*의 역사입니다. 그는 아랍어로 아나바, 프랑스어로 본느라고 하는 알제리 해안 도시 근처에서 태어나고 자랐습니다. 그곳은 1880년대와 90년대에 프랑스로

라이오넬 트릴링 Lionel Trilling(1905~1975): 미국의 영문학자, 소설가, 평론가. 컬럼비아 대학교 영문과 최초의 유대인 교수로 유명하다.
인도 국민회의 Indian National Congress: 인도 반영反英 민족주의 운동을 일으킨 시발점으로 마하트마 간디가 국민의회의 대표적인 지도자였다.
에미르 압델 카데르 Emir Abdel Kader(1808~1883): 알제리 무장독립 운동의 아버지.
검은 발 pied noir: 알제리에서 태어나고 자란 프랑스인.

편입되었습니다. 그의 가족들은 코르시카와 남부 유럽과 프랑스의 여러 지방에서 건너왔습니다. 그의 소설은 식민지에서 벌어지는 곤경을 제대로 표현하고 있습니다. 『이방인』 *L'Etranger*에서 뫼르소는 아랍인을 죽이는데, 카뮈는 그에게 아무 이름도 역사도 부여하지 않습니다. 소설의 말미에 나오는 뫼르소가 재판 받는 장면은 순전히 이데올로기적 허구입니다. 프랑스인이 식민지 알제리에서 아랍인을 죽였다고 해서 재판을 받는 일은 없습니다. 그러니까 그 장면은 카뮈가 지어낸 것입니다.

그가 나중에 쓴 소설 『페스트』 *La Peste*를 보면 도시에서 죽어가는 사람들은 아랍인들인데 이는 언급되지 않습니다. 카뮈에게, 그리고 당시 유럽의 독자들에게는 유럽인들만이 중요했습니다. 지금도 마찬가지입니다. 아랍인들의 죽음은 대수롭지 않게 여깁니다. 흥미롭게도 이 소설은 독일의 프랑스 점령을 빗댄 우화로 해석됩니다. 제가 카뮈와 그의 이후의 소설들을 읽을 때면 1950년대 후반에 그가 알제리 독립에 몹시 반대했었다는 사실을 항상 떠올립니다. 실제로 그는 FLN을 1956년 수에즈 위기 이후 이집트 대통령 압델 나세르*에 비교했습니다.

<u>카뮈는 1957년에 이런 말을 했습니다. "알제리에 관한 한 국가의 독립은 감정적인 발상이다. 알제리라는 나라가 존재한 적은 한 번도 없었다."</u> 맞습니다. 알제리는 존재하지 않았습니다. 그는 무슬림 제국주의를 비난했습니다. 카뮈는 인간 조건의 공정한 관찰자가 아니라 식민지의 증인이었습니다. 제가 화나는 부분은 그가 그런 식으로 읽히지 않는다는 점입니다. 최근에 제 아이들이 학교에서 프랑스어 수업 시간에 『페스트』와 『이방인』을 배웠습니다. 그런데 아들과 딸 모두 작가가 몸담았던 격론의 역사는 언급하지 않고 식민지라는 맥락과 무관하게 읽었다고 합니다. 그는 중립적인 관찰자가 아니었습니다. FLN의 무장

게릴라 투쟁에 열성적으로 반대했던 인물입니다.

카뮈의 단편집『적지와 왕국』L'Exil et le Royanme에는 '부정한 여인' La Femme Adultere이라는 무척 흥미로운 글이 있습니다. 당신은 언어의 문제를 지적했는데요.

언어만이 아닙니다. 이 소설은 1955년 이후에 쓰인 만년의 작품으로 영업사원과 결혼한 자닌이라는 여인의 이야기입니다. 두 사람은 버스를 타고 알제리 남부로 여행을 떠납니다. 그녀는 자신이 와 있는 곳이 자기 나라인데도 사람들이 낯설어 보인다고 말합니다. 아마 카뮈도 당시에 그런 심정이었겠죠. 그녀는 아랍어를 할 줄 모릅니다. 그녀는 그들을 다른 종족처럼 여깁니다. 두 사람이 마침내 목적지에 도착해서 알제리 남부의 지저분한 한 마을에서 밤을 보냅니다. 그녀는 잠이 오지 않아 밖으로 나갑니다. 한 순간 그녀는 성욕을 만족시키려고 알제리 땅에 누워 땅과 성스러운 친교의 의식을 치릅니다. 나중에 카뮈는 이것이 땅에서 에너지를 흡수해서 자아를 새로 찾는 한 방법이라고 설명합니다. 이 장면은 실존주의 우화로 자주 언급되는데, 실은 본국인 프랑스 시민이 속국인 알제리 땅에 대해 내세우는 권리 주장입니다. 프랑스인 자닌은 알제리 땅이 자기 것이라 생각합니다. 저는 이 단편소설을 이런 맥락에서 읽지만 보통은 이런 식으로 읽지 않습니다. 제가 이렇게 생각하는 까닭은 알제리가 프랑스에 특별하다는 생각(l'Algerie francaise, '알제리는 프랑스 땅')을 카뮈가 끝내 포기하지 않으려 했기 때문입니다. 자주 인용되는 카뮈의 말이 있습니다. "전쟁이 일어나 정의롭고 올바른 이념과 테러리스트들이 내 어머니의 목숨을 위협하는 상황 가운데서 하나를 선택해야 한다면, 나는 물론 내 어머니 편에 설 것이다." 하지만

압델 나세르 Abdel Nasser(1918~1970): 1952년 이집트 혁명을 통해 왕정을 무너뜨렸고 이후 대통령에 올라 수에즈 운하 국유화를 실시하면서 반제국주의, 아랍 민족주의 운동에 불을 지폈다.

이것은 선택 항목을 잘못 제시한 것입니다. 지식인들이 정의와 진실을
대변해야 할 책임이 있는가, 거짓말을 해도 되는가, 이렇게 물어야
합니다. 카뮈의 많은 숭배자들은 이를 제대로 보지 못합니다.

프랑스는 알제리에서 아랍어가 외국어라고 선언하지 않았나요?
제2차 세계대전이 끝날 때까지 아랍어는 언어로서 통용되지 못했습니다.
알제리는 프랑스의 한 데파르트망으로 간주되었으니까요. 이것은
알제리 상황에 아주 중요한 의미가 있는데, 당시에 알제리에서 아랍어를
배우려면 이슬람 사원에 가야 했고, 지금까지도 이슬람교는 민족주의의
마지막 피난처입니다. FLN이 1962년에 권력을 잡으면서 아랍어를
복원했습니다. 제가 볼 때 모든 사람에게 아랍어를 강제로 배우게 한
것은 다소 문제가 있었다고 생각합니다. 벤 벨라와 부메디엔* 세대는
아랍어를 전혀 몰랐습니다. 그들은 주로 프랑스어를 썼습니다. 프랑스어
사투리를 말했고 코란을 읽을 줄 알았지만, 동쪽의 아랍 세계처럼
아랍어를 능숙하게 구사하지 못했습니다. 따라서 다시 배워야 했습니다.
그러는 동안 FLN은 알제리의 제1정당이 되었습니다. 30년 이상 권력을
독점하자 충실한 이슬람 신자들이 여기에 반대하고 일어났습니다.
그래서 원리주의 정당인 FIS(이슬람구국전선)가 생겨났습니다. 똑같은
역사의 반복입니다.

당신은 지식인의 책임에 대해 말했는데요. 방금 당신이 지적한 이런
것들을 모두 빼고 문학을 논하는 사람들은 대체 누구입니까? 어떤
계급의 사람들이 카뮈를 해석하면서 중요한 논점들을, 확실히 존재하는
사항들을 보지 못하도록 가로막는 겁니까?
계급의 관점에서 일반화할 수는 없지만, 제가 확실히 말할 수 있는 것은
탈식민화 경험이 이런 식의 독해를 가능하게 하는 하나의 요소라는
것입니다. 식민지 투쟁의 시대를 살았던 사람이라면 텍스트를 접할

때 보통은 그냥 넘어가는 이런 논점들에 대해 더 민감하게 받아들일
수밖에 없습니다. 반면 문학은 문학일 뿐 다른 것과 아무 관계가
없다고 생각한다면 문학을 세상과 분리시키고자 하겠죠. 어떻게 보면
이것은 문학과 현재 벌어지고 있는 저항의 연결고리를 잘라내는 것과
마찬가지입니다. 저항과 연결될 때 문학이 한층 흥미롭고 현실적이
되는데 말입니다.
저는 문학을 정치의 형식으로 가르쳐야 한다고 주장하는 것이 아닙니다.
여기에 아주 반대하는 입장입니다. 팸플릿과 소설은 구별해야 합니다.
교실이 정치적 이념을 주입하는 장소가 되어서는 안 됩니다. 저는
교실에서 한 번도 정치적 이념을 가르치지 않았습니다. 교실은 문학
텍스트를 해석하고 독해하는 방법을 가르치는 장소여야 합니다.

그럼에도 정치적이죠.
오직 한 가지 의미에서만 그렇습니다. 두드러지게 정치적인 주장이
들어간 대목을 왜곡하거나 감추지 않고 가르쳐야 한다는 점에서는
정치적이라고 할 수 있습니다.

하지만 당신은 교사로서 선택을 해야 합니다.
물론이죠. 모두가 그렇습니다. 그 점을 부인하지는 않겠습니다. 고전
작품을 다르게 읽어내려면 선택을 해야 합니다. 다만 그 선택이 유일한
독해라고 말하지는 않습니다. 여러 가지 타당한 독해 가운데 하나이죠.
아직까지 누구도 제안하지 않았던 독해. 저는 그것을 강요할 생각이
없습니다. 학문의 자유가 중요하니까요. 학생들에게 이런 식으로 읽지
않으면 학점은 꿈도 꾸지 말라고 말할 수는 없습니다. 제가 원하는 것은
새롭고 참신한 시각으로 텍스트를 보도록 자극을 주는 것입니다. 그래야

벤 벨라와 부메디엔 Ahmed Ben Bella, Houari Boumediène: 알제리 공화국의 제3대
대통령(1963-65), 제4대 대통령(1965-1978).

학생들이 더 의문을 갖고 탐구적인 자세로 철저히 읽을 수 있으니까요. 그게 요점입니다.

지식인의 책임에 대해 말하는 책들이 있습니다. 촘스키는 권력을 향해 진실을 말해야 한다고 했고, 줄리앙 방다*는 1928년에 출간된 『지식인의 반역』 La Trahison des Clercs에서 이렇게 말합니다. "반역은 지식인들이 자기 행동을 정치적, 민족적, 인종적 목적으로 사용하도록 묵인하는 것이다." 저는 이렇게 묻고 싶습니다. 왜 그러면 안 되죠?
지배 문화와 협력하면 충분한 보상을 받을 수 있으니까요.
제3세계에서 민족주의가 발흥하면서 비극이 일어났습니다. 오늘날 미국에서 목격되는, 냉전에서 승리를 선언하고 이라크와 파나마에 개입할 권리가 있다고 주장하는 의기양양한 민족주의와, 파농이 『대지의 저주받은 사람들』 Les Damné's de la Terre에서 말했던 식민화와 제국주의에 저항하는 민족주의는 다릅니다. 하지만 민족주의가 승리를 거두고 독립을 이루면, 제사람 챙기기가 만연하고 과거의 악습이 부활하고 국가통제 만능주의로 빠져드는 경우가 너무도 많습니다. 그래서 오늘날 많은 아랍 세계에서 보듯 신제국주의 국가가 됩니다. 여전히 외부 권력이 좌지우지하고, 엘리트 지배 계급이 사실상 통치권을 가진 한 명을 위해 돌아가는 상황 말입니다. 이것은 제3세계의 여러 초창기 민족주의 작가들이 신중하게 내다보았던 상황입니다. 사람들은 대개 무시했지만요. 영국의 역사학자 엘리 케두리를 비롯하여 민족주의가 서양의 발명품이라고 주장하는 사람들은 늘 있었습니다. 알제리, 인도 같은 곳에서 서양과 똑같은 상황이 벌어지고 있습니다. 하지만 흥미롭게도 제가 책에서 논의한 이런 저항의 민족주의 역사를 유심히 들여다보면, 초창기에 많은 지지자들이 민족주의의 남용을 경고했다는 사실을 확인할 수 있습니다. 예를 들어 파농은 프랑스를 상대로 혁명을 일으키려는 것이 고작 프랑스 경찰을 알제리 경찰로 대체하기 위함이어서는 안 된다고 말합니다. 중요한 것은 그게 아닙니다. 우리가 원하는 것은 해방입니다. 해방은 우리가 백인들을 몰아내고 그 자리에 우리가 대신 들어서서 그들과 똑같은 권위를 누리는 것보다 훨씬 크고 중요한 일입니다. 저는 해방과 생각 없는 민족주의를 구분하는 일에 아주 관심이 많습니다.

<u>당신은 또한 식민지 통치의 기초가 되는 제국주의 이론이 오늘날에도 계속 영향을 미치고 있다고 지적합니다. 그것은 어떻게 드러납니까? 특히 문화에서요.</u>

책에서 저는 주로 미국의 공공 영역에 대해 말했습니다. 일단 미국은 제2차 세계대전을 거치면서 스스로를 영국과 프랑스의 전통을 이어받은 거대한 서양 제국이라고 여겨 공공연하게 국제적 사명을 언급했습니다. 라틴아메리카와 동남아시아에서는 확실히 미국이 다른 제국주의 국가를 모방했다고 봐야 합니다. 베트남의 경우 프랑스의 선례를 따라 마찬가지로 재앙을 맞았죠. 제국주의 이론의 주기가 돌고 도는 셈입니다. 둘째, 우리가 세계로 나아가 제3세계를 발전시켜야 한다는 미국 주도의 발달 이론이 1950년대와 60년대에 언론과 학계에서도 돌기 시작했습니다. 많은 학자들이 경제성장의 모델을 제시했는데 월트 로스토*가 대표적인 인물입니다. 그레이엄 그린*은 소설『조용한 미국인』 *The Quiet American*에서 이를 멋지게 패러디합니다. 제3의 길을 제시하는 파일이라는 이름의 베트남 미국인을 통해 냉전 시대를 풍자하고 있습니다.

여기서 무척 중요한 것은 낡은 식민화나 공산화가 아니라 냉전

줄리앙 방다 Julien Benda(1867~1956): 프랑스의 철학자이자 문화비평가.
월트 로스토 Walt Whitman Rostow(1916~): 미국의 경제학자. 경제성장론 분야에서 독자적 경제발전단계설을 주장했다.
그레이엄 그린 Henry Graham Greene(1904~1991): 형이상학적인 스릴러 소설을 주로 쓴 영국의 작가

이데올로기입니다. 하지만 우리에겐 새로운 길이 있고, 그것이 많은 정책과 반란을 야기합니다. 1958년 인도네시아, 필리핀, 중동의 여러 지역에서 일어난 일, 제2차 세계대전 직후 그리스와 터키에서 시작된 미국의 개입이 그것입니다. 이때부터 미국이 세계의 경찰이라는 생각이 퍼지기 시작했습니다.

셋째, 미국 국무부와 지식인 엘리트의 공적 수사에서 이런 이론을 찾아볼 수 있습니다. 우리는 세계에 대한 사명이 있다고 언론에서 계속 언급합니다. 우리는 세계를 공평하게 주시해야 하고, 언론인이라면 바그다드 같은 곳에서 권력을 똑바로 주시하며 미국을 위해 일해야 한다는 것이 언론의 생각입니다.

그 결과 대단히 강력한 이데올로기 체제가 생겨났습니다. 촘스키가 이에 대해 멋지게 논평했는데, 저는 이것이 모든 미국인의 교육에 핵심이라고 생각합니다. 우리가 나머지 세계에 대해 무지하기 때문에, 미국 이외의 다른 나라들이 지리적으로 어디에 있는지 거의 알지 못하기 때문에 가능한 일입니다. 저는 세계 지리에도 관심이 아주 많습니다. 미국이 영국, 프랑스 같은 19세기 제국과 다른 점은 무엇보다 근접성입니다. 프랑스는 북아프리카와 지리적으로 가깝습니다. 영국과 동양의 제국은 수에즈 운하와 페르시아 만을 통해 연결됩니다. 그래서 식민지에 각종 시설과 체제를 마련했습니다. 미국은 이렇지 않습니다. 숫자를 조작하고 컴퓨터를 이용하는 등 사회과학 기술은 있지만 지리적 지식은 없는 추상적인 전문가들이 식민지를 운영했습니다. 미국은 많은 면에서 무척 격리되어 있는 편협한 나라입니다. 이런 전문가들을 베트남, 라틴아메리카, 중동에서 일하도록 먼저 재교육시킵니다. 그래서 폭력적인 정책이 만들어지는가 하면 우왕좌왕하다가 대단히 파괴적인 결과로 이어집니다. 미국이 백만 명의 베트남인을 죽였다는 사실을 대부분의 미국인들은 잊었습니다. 제가 가르치는 많은 학생들도 베트남에 대해 거의 알지 못합니다. 지미 카터는 이것이 "상호 파괴"의

예라고 했습니다. 베트남이 입은 피해와 미국이 침략적인 제국 군대를
유지하는 데 드는 비용은 비교가 안 됩니다.
마지막이자 가장 중요한 것으로, 미국 지식인들 사이에는 제국주의
이념을 부인, 배제하려는 경향이 퍼져 있습니다. 제국주의자들은 영국인과
프랑스인들이다, 우리는 다르다, 우리에게는 제국이 없다, 우리에게는
인도가 없다는 것이죠. 하지만 미국은 현실적으로 초국적 기업과
언론매체, 군대를 통해 리처드 바넷*의 표현대로 "전 세계를 자기들 손에
쥐고 있는 것"입니다. 마지막으로 남은 전 세계적 권력입니다.

<u>소설가 V.S. 나이폴* 같은 사람은 "모두 끝난 이야기다"라고 말합니다.</u>
제국주의는 끝났다, 우리는 지금 새로운 시대에 들어섰다, 저
혼란스러운 광경을 보라, 이런 입장이죠. 자주 언급되는 그의 작품
『신도들 사이에서』 *Among the Believers*에서 나이폴은 이슬람주의자,
사회학자, 심리학자 행세를 합니다. 그는 이란, 파키스탄, 인도네시아,
말레이시아를 여행합니다. 그는 무슬림을 이렇게 묘사합니다. "그들의
분노, 능력도 없고 돈도 없고 세상을 제대로 이해하지도 못하는 시골
사람들의 분노가 이해된다. 이제 그들에게는 이슬람이라는 무기가 있다.
그들이 세상에 복수하는 방법이다. 그들은 이슬람을 통해 자신들의
슬픔과 부당한 처우를 달래고 사회적 분노와 인종적 증오를 표출한다."
나이폴은 흥미로운 인물입니다. 우선 그는 작가로서 대단한 재능을
타고났습니다. 거기에 대해서는 의문의 여지가 없습니다. 또한 복잡한

리처드 바넷 Richard Barnet(1929~2004): 미국 정책연구소(Institute of Policy Studies)의
공동 설립자. 1960년대 이래 미국의 대외정책과 초국적 자본의 역할에 대한 비판을
주도했다.
V.S. 나이폴 Vidiadhar Surajprasad Naipaul(1932~): 트리니다드 출생의 인도계 영국 작가.
제3세계의 역사를 배경으로 억눌린 민중의 개인적, 집단적 소외를 염세주의적 시각에서
그렸다. 대표작 『도착의 수수께끼』 The Enigma of Arrival로 2001년 노벨문학상을
수상했다.

이력을 가진 유색인입니다. 1979년에 출간된 『거인의 도시』 A Bend in the River에 대해 어빙 하위가 『뉴욕타임스』에 쓴 리뷰를 보자면, 나이폴은 제3세계 출신으로 가족과 함께 트리니다드에서 어린 시절을 보냈습니다. 그의 사례는 푸아드 아자미* 같은 사람들이 언급될 때면 증거 자료로 같이 등장합니다. 그런 사람들은 자신들이 무엇에 대해 이야기하는지 압니다. 그들은 제3세계를 지저분한 난장판이라고 말합니다. 나이폴은 그런 설명을 옆에서 지지합니다.

저는 나이폴이 자신이 원하는 것을 말하는 것이 잘못이라고 생각하지는 않습니다. 누구든지 자기가 목격한 것을 말할 자격이 있습니다. 그리고 그가 목격한 것들은 사실입니다. 하지만 우리는 그가 대단히 게으른 여행자라는 것을 압니다. 그는 자신이 방문한 나라에 대해 대단히 불완전한 정보를 줍니다. 사람들이 그의 글을 읽고 비판하는 것은 당연합니다. 특히 그가 행하는 일 가운데 꼭 짚고 넘어가야 할 치명적인 두 가지 사실이 있습니다. 먼저 나이폴은 이란 같은 나라가 대체 왜 그렇게 난장판이 되었는지 여러 면에서 제대로 살펴보지 않습니다. 이란은 아무 이유 없이 이슬람 문화가 생겨난 곳이 아닙니다. 서양과의 특정한 역사를 거치면서 오랫동안 서양과 만나 패배하면서 이슬람 문화가 생겨났습니다. 아편 전쟁, 석유 이권, '샤'Shah라고 하는 왕의 지배를 겪으면서 오늘날의 이란의 모습이 만들어졌습니다. 나이폴은 이런 사실을 배제합니다. 그러면서 위의 특징들이 그냥 무슬림의 본질적인 특성인 것처럼 보이게 합니다.

두 번째이자 더 중요한 것은 나이폴이 이런 나라에 이런 것들 말고 다른 게 있다는 사실을 전혀 내비치지 않는다는 점입니다. 이슬람은 이제 서양의 고민거리가 되었습니다. 지난 여름에 『워싱턴포스트』에는 이슬람이 공산주의의 뒤를 이어 서양의 적이 되었다는 헤드라인 기사가 실렸습니다. 천편일률적이고 무차별적인 이슬람이 전 세계 모든 악의 근원지가 되었다는 겁니다. 그런데 이슬람과 이슬람 세계 내에도 당연히 여러 분파와 대립되는 생각들이 있습니다. 형제애를 위해 세속적으로 투쟁하는 지하드 조직들이 있는데 그들 사이에도 차이가 존재합니다. 가령 하마스는 헤즈볼라(레바논의 시아파 정당)와 다르고, 수단의 하산 알투라비가 이끄는 운동과 이집트의 무슬림형제단도 아주 다릅니다. 사람들이 거의 주목하지 않는 또 다른 원리주의 투쟁이 있습니다. 유대인 원리주의가 대표적인 예죠. 이스라엘은 이란만큼이나 원리주의 국가입니다. 저처럼 유대인이 아닌 사람에게는 여러 면에서 오싹할 정도로요. 그런데 사람들이 여기에는 너무할 정도로 침묵합니다. 이스라엘은 신정론으로 통치하는 나라입니다. 율법에 따라 안식일에 금지하는 여러 일들이 있고, 지나치게 기독교적인 음악을 검열합니다. 바그너 음악이 대표적입니다. 또 대단히 엄격한 잣대로 누가 유대인이고 유대인이 아닌지 가립니다. 주류 언론에서 이런 논의는 거의 찾아볼 수 없습니다. 저는 세속적인 사람입니다. 종교가 정치에 관여하는 것에 반대합니다. 하지만 저만 그런 게 아닙니다. 이슬람에 대해 말하려거든 나이폴처럼 교묘하게 술수를 부릴 게 아니라 훨씬 더 충실하고 진정한 맥락에서 이야기해야 합니다. 잘 팔리고 하기도 쉬워서 이렇게 했다면 그야말로 기회주의적인 처사입니다.

<u>알제리, 요르단, 튀니지, 특히 오늘날 아주 심각한 문제들을 안고 있는 이집트 같은 나라에서 이슬람이 호소력을 발휘하는 이유가 뭐라고 생각하십니까?</u>
무엇보다 저는 제2차 세계대전 이후 제국주의에 대한 반발로 권력에 오른 세속적인 근대화 운동이 실패했기 때문이라고 봅니다. 이런 운동이 해결한 것이 별로 없습니다. 인구 폭발 문제를 처리하지 못했고, 해방 이후 일어난 민주화 요구와 국민 주권 운동에 올바로 대처하지

푸아드 아자미 Fouad Ajami(1945~): 레바논 태생의 미국 학자이자 중동 문제 전문가로 이라크전을 공개적으로 지지한 대표적인 보수파.

못했습니다. 예를 들어 이집트에서는 역사상 처음으로 모든 국민에게 전면적인 교육이 실시되었습니다. 사람들이 자주 잊는데 원래 이슬람 부흥은 문맹퇴치 운동이 커다란 성과를 거두면서 일어난 것입니다. 이런 운동은 문맹자들이 아니라 의사, 변호사들이 주도한 것입니다. 이슬람 운동은 지역마다 아주 다르며 대개 약동하는 세속 문화의 견제 속에서 발전했습니다.

결정적으로 이슬람 세력이 활발한 이집트, 알제리, 요르단, 사우디아라비아는 서양의 동맹이라고 여겨지는 통치자가 지배하는 나라입니다. 자신들의 대통령이 미국의 응석받이로 자라고, 이스라엘과 평화를 맺고, 자신의 강단과 자존심은 팔아버리고, 허세나 부리고, 여론을 마음대로 지배하고, 자국보다 미국의 이익을 우선시하는 모습을 바라보면서 이집트 국민들이 얼마나 소외감을 느낄지 생각해보세요. 절망과 자포자기의 심정뿐만 아니라 이슬람 운동이 조장하는 분노의 감정도 분명 느낄 겁니다.

마지막이자 가장 중요한 것으로, 아랍 세계에서 이슬람 부흥이 활발한 나라는 민주주의 요구가 국가 안보 논리에 밀려난 나라들입니다. 여기서 이스라엘이 대단히 중요한 역할을 합니다. 이것도 사람들이 자주 잊는 사실입니다. 종교에 뿌리를 둔 신정 군사국가 이스라엘의 존재가 이슬람 세력을 키웠습니다. 저는 지금 이스라엘이 나라와 사회를 파괴하고 땅을 빼앗고 25년간 점령하고 있는 팔레스타인만 말하는 것이 아닙니다. 이스라엘은 레바논, 요르단, 시리아, 튀니지 같은 나라들도 침략했습니다. 사우디아라비아로도 수차례 치고 들어왔습니다. 이라크도 공격했습니다. 이스라엘은 지역의 절대 강자입니다. 이스라엘이 미국과 손잡고 언제라도 아랍의 중심을 치고 들어올 수 있다는 생각은 아랍 세계를 지역 문화의 든든한 뿌리인 이슬람으로 돌아가도록 했습니다.

<u>토착적인 반응이로군요.</u>

정황에 대한 반응인데, 제가 볼 때는 심각한 결점들이 있습니다. 많은 면에서 반동적이니까요. 하지만 나름의 객관적인 대의명분이 있습니다. 이곳 언론에서는 사악한 원리주의라고 묘사하는데 결코 그렇지 않습니다. 버나드 루이스가 『애틀랜틱 먼슬리』에 기고한 '무슬림 분노의 뿌리'를 읽어보면, 무슬림이 현대성에 맹목적인 반감을 갖고 있다는 인상을 받게 됩니다. 마치 7세기 때로 돌아가려고 현대성이라는 애매한 세력을 공격하고 비방하기라도 하는 것처럼 말입니다. 이것은 상황을 절반만 본 것입니다. 서양에서 묘사하는 이슬람의 모습은 아랍 세계 전역과 파키스탄, 방글라데시, 이란 등등 각지의 이슬람 세계에 살고 있는 무슬림이 물리치려고 싸우고 있는 바로 그 문제이기도 합니다. 이슬람을 이해하려는 모습이 거의 보이지 않습니다. 이슬람과의 대화가 부족합니다. 세상에 기자들이 이렇게 많은데 말입니다. 제가 볼 때 서양 언론의 나태와 무능이 큰 문제입니다. 이른바 이 분야의 지식인, 전문가라고 하는 자들도 마찬가지입니다. 우리가 보는 텔레비전·다큐멘터리·뉴스 프로그램에서 이들이 주로 하는 일이라고는 분량을 맞추기 위해 요약하고 축소하고 희화화하는 것입니다. 영화에서도 이런 모습을 볼 수 있습니다. 언젠가 크리스마스 휴가 전에 세 편의 영화가 텔레비전에 상영되었는데, 다들 무슬림이자 아랍인인 테러리스트들을 소탕하는 내용이었습니다. 그중 하나가 『델타 포스』였습니다. 대중문화는 아랍인과 무슬림을 학살하는 것을 정당화시킵니다. 우리는 이런 분위기에 주목해야 합니다.

당신이 방금 대중문화를 언급한 것이 무척 흥미로운데요. 당신은 이른바 고급문화에 관심이 많은 사람으로 유명하니까요. 학계에 몸담고 있는 인물이기도 하고요. 『델타 포스』라는 영화가 있죠. 그리고 이런 영화로 독보적인 것은 『아이언 이글』입니다. 언젠가 '아랍 인식 주간'이라는 묘한 이름이 붙은 기간에 볼더의 콜로라도 대학에서 언론매체에 비친 아랍인과 이슬람이라는 주제로 강의를 해달라고 부탁한 적이 있습니다. 그래서 많은 비디오를 검토했습니다.『아이언 이글』에 보면 미국 십대 소년이 애리조나에서 F-16 전투기를 훔쳐 놀랍게도 곧장 중동으로 날아갑니다. 그래서 자신의 아버지를 인질로 붙잡아두고 있는 광신도 아랍인 부대 전체를 죽이고는 아버지를 구해 애리조나로 무사히 돌아옵니다.
제가 가장 좋아하는 영화는『블랙 선데이』입니다. 영화에서 아랍인들은 아무것도 아닌 일에 목숨을 겁니다. 그러다가 꼭 못된 일을 터뜨리곤 하죠. 여기서는 미국 문화의 성지인 슈퍼볼에서 폭탄을 터뜨리려 합니다. 이와 비슷한 부류의 영화들이 있습니다. 테러리스트들은 공교롭게도 다들 엄청나게 무능합니다. 총도 제대로 못 쏩니다. 장비를 작동할 줄도 모르고요. 미국인이나 이스라엘인 한 명이 아랍 테러리스트 백 명을 상대합니다.
그나저나 당신이 아는지 모르겠지만, 무슬림과 아랍인 테러리스트들은 대개 이스라엘인이 연기합니다. 꽤 놀라운 일입니다. 그들은 절대로 아랍인 배우를 쓰지 않습니다. 아마도 이런 배역을 연기할 아랍인 배우를 찾지 못했을 겁니다. 이스라엘에는 총에 맞아 죽는 아랍인을 연기할 엑스트라와 대역 배우를 양성하는 산업이 작지만 번성하고 있습니다. 두세 명의 미국인에 의해 제압되는 아무것도 제대로 하지 못하는 수백 혹은 수천 명의 아랍인들을 훈련시킵니다.

영화에서 아랍인들은 엄청나게 무능할 뿐만 아니라 정상적인 대화조차 나누지 못합니다. 고작 서로를 향해 소리를 지르거나 외칠 뿐이죠. 이것은 대중의 마음에 꾸란의 저주로 각인됩니다. 이 말로 모든 것을 대신하죠. '꾸란'이라는 말은 참 놀랍습니다. 여러분이 좋아하지 않는 거의 모든 것을 포함하니까요.

『아라비아의 로렌스』나『마지막 사랑』같은 품격 있는 영화에서도 보면 비슷한 패턴이 반복됩니다. 해리슨 포드가 주연한 최근작 『패트리어트 게임』에서는 IRA* 테러리스트들이 사막에서 리비아인들로부터 훈련을 받습니다. 당신은 20세기에 들면서 영어에 편입된 아랍어 어휘가 jihad, intifada, harem, sheikh(각각 성전聖戰, 민중 봉기, 후궁, 족장이라는 뜻) 등 몇 개밖에 없다고 지적했습니다. 그런데 그 가운데 하나는 폭력을 가리키고 다른 하나는 욕정을 가리키는 말이니 참으로 대조적인 광경입니다.

인티파다는 특정한 성격의 정치적 봉기와 관련하여 최근에 널리 사용되고 있는 말입니다. 식민지 점유에 반대하는 봉기를 가리키는 말로 대체로 긍정적인 뜻으로 통용됩니다. 1980년대 후반에 제3세계, 제2세계, 동유럽, 비유럽 지역에서 대규모 봉기가 일어나면서 널리 퍼지기 시작했습니다. 벨벳혁명*때 프라하 시민들은 인티파다 티셔츠를 입었습니다. 작년에 남아프리카공화국에 간 적이 있었는데, 아마도 만델라 때문이겠지만, 이스라엘 점령에 대한 팔레스타인의 투쟁과 남아프리카공화국의 반아파르트헤이트 투쟁을 호의적으로 연관시켜 생각하는 경향이 있었습니다. 인티파다가 실로 결정적이었습니다.

저는 앞서 언급했던 강의를 준비하는 과정에서 몇 가지 조사를 하러 공공 도서관에 갔습니다. 미국 콜로라도 주 북동부에 위치한 볼더는 상당히 진보적이고 자유로운 도시인데 그곳의 도서관에 무엇이 있는지 한번 살펴봤습니다. 기독교에 관한 책이 257권, 유대교와 이슬람교에 관한 책이 각각 160권과 63권 있었습니다. 볼더에 무슬림이 거의 없다는 사실을 감안하면 이슬람에 관한 책이 상당히 후하게 배치되어 있다고 볼 수도 있습니다. 하지만 제목을 살펴보면 다른 결론이 나옵니다. 『이슬람

Irish Republican Army: 영국령 북아일랜드와 아일랜드공화국의 통일을 요구하는 반(半) 군사조직.
벨벳혁명 Velvet Revolution: 1989년 체코의 공산정권 붕괴를 불러온 시민혁명으로, 피를 흘리지 않은 무혈혁명이었다.

폭탄』『이슬람 행진』『호전적인 이슬람』『성스러운 테러: 이슬람 테러의 세계 속으로』『성스러운 분노』『현대 이슬람 십자군』, 나이폴의『신도들 사이에서』, 그리고 제가 특히 좋아하는『이슬람 악당』까지. 기독교와 유대교에 관한 책 중에 혹시『유대교 폭탄』이나『기독교 악당』같은 책이 없을까 기대하며 찾아봤지만 없었습니다.

그러고 보니 당신이 방금 언급한 현상뿐만 아니라 다른 면에 대해서도 제가 너무 비판적이었다는 생각이 듭니다. 아랍과 이슬람 세계는 이 문제에 진정으로 관심을 보이지 않았습니다. 따라서 아랍과 이슬람의 지식인들이 나서서 서양에 이 문제를 제기해야 합니다. 당신이 언급한 책들은 물론 반박되어야겠죠. 하지만 반박에 그쳐서는 안 됩니다. 이슬람의 현실, 대단히 다양하고 전체적으로 무척 온화한 이슬람의 현재 모습을 담은 대안적인 관점을 제시해야 합니다. 저는 1492년부터 1992년까지를 돌아볼 때 아랍 국가들이 안달루시아 문명을 서양에 거의 설명하지 않았다는 점이 흥미롭습니다. 안달루시아 문명은 교파를 뛰어넘은 협력과 미적·지성적으로 눈부신 성취를 보여준 인류의 위대한 모험의 시기였을 뿐만 아니라, 오늘날 이슬람의 모습과는 다른 새로운 모델을 제시해 줍니다. 즉 관용적인 마음을 보여주었고 다양한 공동체가 공존하도록 격려한 문화였습니다. 이런 모습을 적극적으로 알려야 합니다.

제가 볼 때는 팔레스타인과 이스라엘의 투쟁 때문에 이슬람을 본질적으로 조급하고 반역적이고 무엇보다 외부인을 참지 못하는 호전적인 종교로 여기는 새로운 관점이 생겨났다고 생각합니다. 하지만 버나드 루이스가 항상 말하는 일반적인 의미의 외부인과 이스라엘이 대표하는 외부인은 차이가 있습니다. 이스라엘이 침략하는 곳은 결국 아랍의 영토가 아니라 여러 종교가 공존하는 영토입니다.

제가 팔레스타인에서 자랐을 때 그곳에는 세 개의 믿음이 공존하고 있었습니다. 완벽하게 평화롭지는 않았지만 당시 유럽의 상황보다는 훨씬 평화로웠습니다. 저는 1935년 말에 태어났습니다. 유대인들이 유럽에서 몰살당하기 직전이었던 당시에 팔레스타인 곳곳에는 작은 유대인 공동체가 있었습니다. 당시만 하더라도 이 공동체들이 나중에 훨씬 큰 공동체로 발전해서 원래 거주민인 팔레스타인인들로부터 나라를 빼앗을 줄은 아무도 몰랐습니다.

여러분은 이슬람을 다른 세계를 위협하는 광적이고 폭력적인 존재로 생각합니다. 이슬람을 이렇게 바라보는 관점에 대해 제가 알기로 서양에 사는 무슬림들은 한번도 제대로 반응한 적이 없습니다. 그냥 선전용이라고만 생각합니다. 저는 아랍 국가들의 정보 정책에 대단히 비판적입니다. 이들은 이런 서양의 관점이 잘못되었을 뿐만 아니라 적극적으로 대응해서 바로잡아야 한다는 것을 보여주지 않습니다. 저는 낙관주의자입니다. 사람들이 마음을 바꿀 수 있고, 서양인들이 이슬람과 아랍 세계에 대해 다른 견해를 경험한다면 얼마든지 다른 시각을 가질 수 있다고 생각합니다.

<u>당신은 많은 아랍 대학에 미국을 연구하는 학과가 없다는 사실을 지적했습니다.</u>

현재 서양을 연구하거나 미국을 전문으로 연구하는 학과가 있는 아랍 대학은 단 한 곳도 없습니다. 1992년 6월에 서안 지구의 비르제이트 대학에 방문해서 이 사실을 지적했더니 그 지역의 가장 강력한 외부 세력인 미국을 연구하는 학과는 물론 이스라엘을 연구하는 학과도 없다고 하더군요. 누가 뭐라고 해도 이스라엘은 그 지역의 점령국입니다. 아랍인들의 삶에 영향을 미치는 이스라엘 국가와 사회에 대한 체계적인 연구에 관심을 가져야 합니다. 아직 시작하지도 않았습니다. 이 모든 것이 제국주의의 유물입니다.

<u>여기에는 배타적 애국주의도 있는 것 같습니다.</u>

배타적 애국주의에 더해 거기에 도전해서는 안 된다는 분위기가 있습니다. 도전하려는 의지가 없다는 사실이 저를 아주 불편하게 합니다. 현재 아랍 세계 사람들과 1950, 60년대, 더 분명하게는 1930, 40년대 아랍인들의 차이는 제국주의에 대한 도전 자세입니다. 지금은 거대한 두려움이 팽배해 있습니다. 팔레스타인인들은 마치 미국이 대법원이라도 되듯, 진정으로 정의를 판가름해주는 친구라도 되듯 미국으로 달려갑니다. 별 의식이 없습니다. 워싱턴과 마드리드의 협상에서 확실히 그런 모습이었습니다. 미국이 어떤 역사를 갖고 있는 나라인지 거의 생각하지 않습니다. 가령 제임스 베이커 같은 사람이 "아 그래요, 우리는 정말 당신이 평화회담에 나오기만을 원합니다" 하고 말했지만, 이 말을 액면가 그대로 받아들였다가 결국 엄청나게 실망만 하고 말았습니다.

일반화일 수도 있겠는데요. 아랍 세계를 아직 폭넓게 여행한 적은 없지만, 제가 다녀본 바에 따르면 아랍인들, 특히 팔레스타인인들이 학대 받은 쪽, 야만적으로 짓밟힌 쪽이라는 느낌을 받았습니다. 당신의 이야기를 들으니 더 확실한 것 같군요. 그리고 정의가 그들 편이며 세상에 알려지리라는 점도요. 굳이 강력히 주장하지 않아도 될 듯합니다. 절대적으로 맞는 말입니다. 누가 옳은지는 굳이 나서서 밝히지 않더라도 자연스럽게 드러나는 법이죠.

알라는 자비롭습니다.
하지만 우리에게는 그람시적인 투쟁이 필요합니다.

1992년 12월, 당신이 『하퍼스』에 기고한 '팔레스타인, 당시와 지금'이라는 글로 넘어가봅시다. 무척 인상적인 글이었습니다. 글을 읽고 가슴이 뭉클했는데요. 글 전체에 슬픔이 강하게 배어 있었습니다. 당신은 '애도의' '음울한' '멜랑콜리' 같은 형용사를 많이 사용했습니다. 일종의

"죽은 자를 파묻는" 여행이랄까, 마치 증언과도 같았습니다. 거기서 당신은 당신의 아이들을 과거와 연결시켰습니다.

제 아이들이 그곳을 보는 것이 중요하다고 생각했으니까요. 아이들은 팔레스타인에 가본 적이 없습니다. 제가 태어나고 자란 곳을 본 적이 없습니다. 솔직히 제가 뿌리를 신봉하는 사람은 아닙니다. 뿌리의 역할이 과장될 수 있다고 생각하는 편입니다. 하지만 팔레스타인은 특별한 장소입니다. 당신이 어디 출신이든, 그곳에 가면 뭔가 느끼게 됩니다. 애석하게도 이스라엘의 선전 때문에, 그리고 중동의 정세 때문에 세계 언론은 팔레스타인에 지나치게 주목합니다. 그래서 제 아이들은 언론을 통해 보고 읽고 이집트, 레바논, 요르단 같은 나라를 돌아다니면서 팔레스타인에 대해 알았습니다. 간접적인 방법을 통한 셈이죠. 아이들은 공동체에 소속되어 있다는 느낌을 받았지만 아버지가 속한 공동체가 특별하다는 생각은 하지 않았습니다. 그래서 직접 가보는 것이 중요하다고 생각했습니다.

팔레스타인에서의 제 경험을 글로 쓰자니 몹시 힘들었습니다. 여행을 통해 받은 인상과 떠오른 기억들 가운데 일부를 글에 담았습니다. 열흘가량 머물며 많은 곳을 돌아다녔습니다. 그래서 어디를 골라야 할지 힘들었지요. 두 가지 모순된 감정이 동시에 들었습니다. 일단은 다시 돌아와 제 뿌리를 알아볼 수 있어서 기뻤습니다. 저는 팔레스타인의 어디가 이스라엘이 되었는지 압니다. 서안 지구 출신이 아니라 1948년에 이스라엘로 편입된 서예루살렘 탈비야 출신이기 때문입니다. 제 어머니도 역시 이스라엘 지역인 나자레스 출신입니다. 어린 시절에 돌아다녔던 하이파와 야파에 대한 기억이 남아 있습니다. 지난 40년 동안 엄청난 변화가 있었지만 지금도 꿋꿋하게 살아남아 아랍의 존재를 간직하고 있는 것을 보니 가슴이 뛰었습니다.

한편으로는 그곳이 어떻게 다른 나라로, 그것도 서양을 흉내 낸 나라로 바뀌었는지 보고 있자니 괴로웠습니다. 탈비야는 우아한

취리히 교외처럼 보였습니다. 아랍인은 없었습니다. 우리는 예전에 삼촌이 살았던 사파드라는 도시로 갔습니다. 마지막으로 그곳에 갔을 때가 1946년이었고 46년이 흘러 1992년에 다시 찾아갔는데, 역시나 아랍인은 한 명도 보이지 않았습니다. 모두 밖으로 밀려난 겁니다. 그곳에 살던 모든 개인적인 삶들이 대재앙을 당한 것과 같았습니다. 하지만 서양의 대중문화에 존재하는 기억과 회상의 정치경제학 속에는 팔레스타인인들이 겪어야 했던 상실의 경험이 들어설 자리가 없습니다. 그래서 너무나도 힘들었습니다.

흥미롭게도 당신이 『하퍼스』에서 보았던 그 기사를 읽고 많은 친구들이 제게 편지를 보내왔습니다. 즐겁게 읽었다는 편지도 있었고 가슴이 뭉클했고 슬펐다는 사연도 있었습니다. 그런데 뜻하지 않게도 많은 친이스라엘 추종자들이 그 글에 화가 나서 섬뜩한 분노의 편지를 보내왔습니다. 저는 그저 여행을 기록했을 뿐인데 그들은 제가 이런 말을 하는 것조차 못마땅해서 화가 났던 모양입니다. 자신을 정신과 의사라고 소개한 한 사람은 저를 정신병원에 감금시켜야 한다고 했습니다. 제가 거짓말을 한다고 몰아붙인 사람도 있었습니다. 가장 선동적이고 신경질적이고 광적인 편지들이 『하퍼스』와 제 앞으로 배달되었습니다. 이 사건을 보면 공식적인 시온주의 담론에서 팔레스타인의 목소리나 팔레스타인의 이야기 자체가 용납되지 않는다는 것을 알 수 있습니다. 지금도 이들은 팔레스타인의 존재를 인정하지 않습니다. 이런 담론이 팔레스타인을 파괴했고, 오늘날 거의 500만 명에 이르는 사람들에게 두려움을 안겨줍니다. 그런데도 아무도 여기에 책임을 지지 않습니다. 가슴이 몹시 아픕니다.

<u>당신은 스스로의 위치를 과소평가한다는 느낌이 듭니다. 1990년에 볼더에 갔을 때가 생각나는데요. 강연장 앞에서 사람들이 피켓을 들고 당신을 비방하는 팸플릿을 나눠주는 것을 보고 당신은 경악했었지요.</u>

당신은 당신이 생각하는 것보다 중요한 인물입니다. 앞으로도 계속해서 이런 식으로 주목을 끌 겁니다.

그렇더라도 당시 그 광경은 잔인하고 편협했습니다. 살만 루슈디*에게 했던 것처럼 무슬림이 강연을 가로막았다면 사람들은 연설을 막아서는 안 된다고 한 목소리로 항의했을 겁니다. 하지만 팔레스타인인에게는 이런 방해가 계속되고 있습니다. 감히 나서서 말하려는 자를 침묵시키거나 비방하거나 협박하거나 목숨을 위협하는 시도가 끊이지 않습니다. 소름끼치는 일이지요. 특히나 이런 위협에는 과거 유대인들이 겪었던 공포의 경험을 기억해야 한다는 도덕적 경건주의가 수반되는 경우가 많기 때문입니다. 과거 유대인들의 경험에는 저도 공감합니다. 하지만 이로 인한 또 다른 홀로코스트—고유명사인 홀로코스트가 아니라 유대인의 팔레스타인 박해를 의미한다—인 '나크바'(nakba, 팔레스타인 파괴)에 대한 발언은 허락되지 않습니다. 그들의 폭력과 분노와 여기서 배어 나오는 독설은 오싹할 지경입니다.

당신이 이스라엘과 팔레스타인을 방문했던 일로 돌아갑시다. 텔아비브 외곽의 라드 공항에 도착했을 때 몹시 불안하고 걱정되었을 텐데요. 크네세트의 아랍계 의원인 모하메드 미아리가 당신을 마중 나왔습니다. 선거가 열리기 열흘 전이었습니다. 불행히도 미아리는 재선되지 못했습니다.

하지만 당신은 그가 히브리어를 유창하게 말하고 이스라엘인들 사이에서 꿋꿋하게 지냈다면서 "저는 현실을 배우는 중입니다"라고 말했습니다. 하지만 당신은 미아리의 길을 따르지는 않았습니다. 왜 그랬습니까?

---

* 살만 루슈디 Salman Rushdie(1947~): 인도 출신의 영국 소설가로 이슬람에 대한 부정적인 묘사로 오랫동안 암살 위협에 시달렸다. 대표작으로 『악마의 시』, 『한밤의 아이들』 등이 있다.

말로 설명하기가 어렵습니다. 저는 팔레스타인인들이 자기들 나라에서
종속적인 소수자 집단으로 살았고 지금도 그렇다고 생각합니다.
실제로 그러니까요. 이스라엘 내 아랍인 거주지는 열악하기
그지없습니다. 유대인 시민과 비교했을 때 교육 분야에 대한 투자가
훨씬 적습니다. 이스라엘에서 살아가는 모든 팔레스타인들이 그렇게
힘겹게 살아가는 줄은 저도 미처 몰랐습니다. 그럼에도 그들은 절대
순종적이거나 온순하지 않습니다. 내적으로 저항심을 짓누르고 있을
뿐이지요. 미아리가 대표적인 예입니다. 그는 크네세트의 투사입니다.
유대인이 장악하고 있는 이스라엘 국회에서 대여섯 명밖에 안 되는
팔레스타인 의원 가운데 한 명입니다. 그는 결코 침묵하지 않습니다.
이스라엘에서 이스라엘인들과 함께 살아가는 팔레스타인인을 보지 못한
저로서는 놀랍고도 뭉클했습니다. 그냥 둘러본 것뿐이지만 대단하다고
생각했습니다. 처음엔 팔레스타인들이 대체로 남들 눈에 띄지 않으려고
노력할 거라 생각했습니다. 그러나 실제로 그곳에 가보니 이스라엘에서
살아가는 팔레스타인들은 마치 그곳이 자기 나라인 것처럼 행동하고
말했습니다. 묵묵히 참거나 고통을 겪으려고 거기 있는 게 아니었습니다.
그곳에서 나고 자랐기 때문에 그곳에서 살아가는 것입니다. 그것을 직접
보니 제 마음이 놓였습니다. 그들은 당연히 그렇게 행동하고 느껴야
합니다. 제가 미처 생각하지 못했던 점이었습니다.

<u>예루살렘에 있는 당신의 생가를 방문하는 대목은 어조가 대단히
통렬합니다. 당신이 태어난 집이 현재 시온주의를 숭상하는 원리주의
기독교 단체 국제기독교대사의 본부로 사용되고 있는 현실은 스위프트를
뺨칠 만큼 아이러니한데요.</u> 당신은 이렇게 썼습니다. "그 순간 분노와
우울이 나를 휩쓸었다. 한 미국인 여자가 빨랫감을 한아름 들고 나오더니
내게 무슨 일이냐고 물었는데 나는 차마 안으로 들어갈 수가 없었다."
그곳에 서 있자니 제 과거를 제대로 직시하지 못했다는 생각이

들더군요. 팔레스타인과 이스라엘 곳곳을 돌아다니며 개인적으로
기억할 만한 각별한 곳이나 헤브론처럼 정치적 의미가 있는 장소를
처음으로 가보면 대단한 흥미와 호기심이 일었습니다. 그런데 여기
오니 팔레스타인의 다른 곳에서는 느껴본 적 없는 감정이 들었습니다.
알고 싶지 않았습니다. 심지어 집 안에 들어가고 싶지도 않았습니다. 제
아이들이 들어가자고 옆에서 보챘는데도 말입니다. 제가 태어난 창문을
손으로 가리켰습니다. 집 밖에서 보이는 그곳을 가리키며 저기가 내가
태어난 곳이라고 말했습니다. "아빠, 안에 들어가서 같이 살펴봐요."
아이들의 말에 저는 그러지 말자고 했습니다. 마치 팔레스타인의
몰락으로 완전히 끝장난 제 과거의 한 부분이 거기 있는 듯해서 감히
들여다볼 용기가 나지 않았습니다. 다시는 그곳에 가고 싶지 않습니다.
밖에서 쳐다본 것으로 충분합니다. 그 정도면 됐습니다.

<u>에세이의 부제가 '가자 지구로 내려가다'로 되어 있는데요. 어떤 의미가
담긴 것 같습니다. 내려간다는 게 무슨 뜻입니까?</u>
그곳은 제가 가본 장소 가운데 가장 오싹했던 곳입니다.
이 이야기는 글에서 하지 않았는데, 우리를 예루살렘에서 가자 지구까지
데려다준 젊은 팔레스타인인들이 그곳에 도착하기 전에 제 아내와
딸에게 이렇게 말했습니다. "지금처럼 서양식 드레스를 입고 가자
지구에 가서는 안 됩니다. 베일을 써야 합니다. 머리와 팔을 가려야
해요." 한여름 무더운 날이었습니다. 제가 이런 이야기는 들어보지
못했다고 하자 이렇게 말하더군요. "그들이 말하지 않은 모양이네요.
가자는 대단히 폭력적인 곳입니다. 당당하게 그곳을 돌아다니면
아랍인이든 이스라엘인이든 돌에 맞습니다. 가자 지구에서 짙은
선글라스를 끼면 안 됩니다. 외국인이거나 이스라엘 첩자로 알고
습격할 수도 있으니까요." 가자에 대해 색안경을 끼고 보게 만드는
이런 오해가 있습니다. 사실 그곳이 끔찍하게 슬픈 곳이기는 합니다.

사람들이 비참하고 절망적으로 살아가니까요. 남아공에서 보았던 것보다
훨씬 열악한 캠프를 그곳에서 보게 되리라고는 상상도 못했습니다.
비인간적이고 원시적인, 심지어 야만적이라고 할 만큼 기본적인 설비와
필요한 물자도 갖추지 못한 그곳은 인류에 반하는 커다란 범죄라
생각합니다. 결국 이스라엘인들이 조장한 것입니다. 그곳을 지배하는
것은 다른 누군가도 아닌 이스라엘이니까요. 오늘날 우리가 보듯 그곳의
젊은이들이 그렇게 비타협적이고 반항적인 것은 바로 그와 같은 환경
때문입니다. 글로리아 에머슨 같은 소수의 사람들을 제외하면 아무도
그런 점을 지적하지 않습니다. 누구도 가자에 대해 말하지 않습니다.

당신은 이렇게 썼습니다. "내가 남아프리카공화국에서 본 그 어떤 것도
가자의 비참함에는 비할 수 없다. 하지만 이스라엘은 남아공과 달리
국제적인 비판을 받지 않는다. 어쨌든 이스라엘은 미국과 연관되지 않은
것으로 여겨진다." 여기서 '어쨌든'은 다소 부정확한데요, 어디에 갖다
붙여도 다 되는 표현은 아니지 않습니까?
맞습니다. 제가 상황을 잘 이해하지 못해서 '어쨌든'이라는 표현을 쓴
겁니다. 제가 설명할 수 없는 것이니까요. 가자 지구가 어떤 곳인지
아는 사람들은 그곳 상황이 이스라엘 정부 때문이라고 생각하기가
무척 어렵습니다. 제가 놀란 것은 서안과 가자 지구의 교육 제도를
폐쇄시킨 데 대해 서양 학계에서 맹렬한 반대 운동을 벌이지 않았다는
점, 많은 사람들이 이 사실에 별로 관심을 보이지 않았다는 점입니다.
최근에 국외 추방은 대부분 가자에서 일어났습니다. 가자 사람들의 이런
저항을 이스라엘이 만들어낸 상황과 연결시킨 보도는 제가 알기로 한
건도 없었습니다. 이스라엘은 가자 사람들을 거의 동물과 같은 상태로
몰아붙이는데도 누구도 이 점을 지적하지 않습니다. 놀라운 일입니다.

이츠하크 라빈 수상이 말했듯이, 국외 추방 문제에 대해 세상은

위선적입니다. 415명의 팔레스타인 추방자에 대해 불만의 목소리로 난리가 아닙니까. 그런데 30만 명의 팔레스타인인들이 쿠웨이트에서 추방되었을 때 세상은 어떠했나요? 당신도 여기에 동의할 겁니다.
네, 그의 말이 맞습니다. 물론 차이가 있습니다. 무엇보다 이스라엘은 1948년에 한 나라가 파괴되면서 대부분의 사람들이 그곳을 떠나야 했던 사건에 책임이 있습니다. 둘째, 이스라엘은 1967년 이후로 서안과 가자 지구에 대한 유엔 안보리 결의안을 무시하며 그곳을 계속 무단으로 점령하고 있습니다. 셋째, 제게 무척 중요한 사실인데, 쿠웨이트인들과 그들이 팔레스타인인들을 대하는 반응이 수치스럽습니다. 쿠웨이트인들은 서양에서 평판이 별로 높지 않습니다. 한마디로 조롱거리입니다. 부패하고 별 볼일 없는 사람들입니다. 물론, 제가 지금 말하는 대상은 그 나라를 이끌어가는 지배 계급입니다. 쿠웨이트의 지배 계급은 이런 평판을 들어도 쌉니다. 그들을 위해 미국이 대신 전쟁을 벌이기도 했습니다. 물론 석유 때문입니다. 미국처럼 쿠웨이트를 신용하는 나라는 어디에도 없습니다.
이스라엘은 서양의 도덕적 사명감이 낳은 자식입니다. 이스라엘을 찬양하고 경외하면서 수억 달러를 주었습니다. 1967년 이후로 미국이 이스라엘에게 빌려준 돈만 770억 달러입니다. 따라서 이런 비판을 받아도 쌉니다. 그것은 유엔 결의안을 무시한 처사이니까요. 저는 라빈의 말이 부분적으로만 옳다고 생각합니다. 제가 볼 때 그는 전범입니다. 왜냐하면 그는 1948년에 리다와 람라에 살던 5만 명의 팔레스타인인들을 난민으로 만든 개인적 책임이 있기 때문입니다. 그도 회고록에서 밝힌 사실입니다. 누구도 그에게 이런 질문을 하지 않았습니다. "라빈 씨, 당신이 1948년 군대에 있을 때 하가나*에서 행했던 일과 지금 행한 일 사이에 연속성이 있다고 생각하지 않으세요?"

하가나 Haganah: 영국이 팔레스타인을 지배하던 시대에 유대인들의 준군사 조직으로 훗날 이스라엘 방위군의 모태가 되었다.

연속성이 있습니다. 1948년에 5만 명을 쫓아낸 사람과 최근에 415명을
몰아낸 사람은 같은 인물입니다. 더욱 수치스러운 것은 라빈이 좌파로
간주된다는 사실입니다. 그는 사회주의인터내셔널의 멤버입니다. 그의
각료의 많은 좌파들과 메레츠당* 의원들이 국외 추방을 주장하는 그를
지지했습니다. 그 과정에서 자유주의 좌파가 국외 추방을 지지하는
사실이 이상하다고 의문을 제기하는 사람은 한 명도 없었습니다.
여기서 꼭 언급하고 넘어가야 할 사실이 있습니다. 팔레스타인인들을
제거해야 한다는 생각은 좌파, 우파 할 것 없이 20세기 초부터 모든
시온주의자의 마음속에 계속 자리 잡고 있었습니다. 시온주의자의 주요
사상가들은 하나같이 늘 팔레스타인인들의 이주, 추방, 제거, 납치를
말했습니다. 따라서 처음부터 연속성이 있었던 겁니다. 라빈이 곁으로
나간 것이 아닙니다.

<u>당신은 팔레스타인인들의 적은 종국적으로 잊히거나 주변으로 밀려나는
것이 아니라 "침묵되는 것, 알면서도 외면당하는 것"이라고 말했습니다.
저는 여기에 시간도 당신들의 적이라는 말을 덧붙이고 싶습니다.</u>
알고 있습니다. 시간은 우리의 적입니다. 하지만 한편으로 지난 20년
동안 팔레스타인인들의 투쟁이 거둔 커다란 성취는 갈수록 팔레스타인
땅에 남기로 다짐하는 사람들이 늘고 있다는 것입니다. 우리가 그곳에
머무는 한 이스라엘은 계속 문제를 삼을 겁니다. 그게 중요합니다.
그들이 어떻게든 우리를 제거하려고 한다는 데 의문의 여지가 없습니다.
샤미르는 영원히 이스라엘 땅을 움켜쥐기를 원했지만 라빈은 다르다는
말이 있는데, 헛소리입니다. 하스바라*에 대해 말하자면 라빈의 말이
훨씬 그럴듯합니다만 근본적으로는 똑같습니다. 그들에게 최선은
팔레스타인인들을 제거하는 것입니다. 제거되지 않으면 협정을 맺어
팔레스타인 사람들의 삶을 혹독하게 만들어 결국에는 떠날 수밖에
없도록 몰아붙일 겁니다. 제가 볼 때는 그런 계획입니다. 화해니 평화니

하는 말은 주변부의 몇 명이 하는 말에 지나지 않습니다. 기본적으로는 팔레스타인인들을 몰아내는 원리주의 아파르트헤이트 정책이 돌아가고 있습니다.

제가 왜 이렇게까지 말할까요? 그들에게 화가 나서, 희망이 없어서 이런 말을 하는 게 아닙니다. 팔레스타인인들에 대한 이스라엘의 여론에는 실제로 저런 식의 견해밖에 들리지 않기 때문입니다. 이스라엘 샤하크 교수, 예샤야후 라이보비츠 교수, 인권단체 베첼렘 회원 같은 소수의 몽상가들이 있습니다. 그들은 팔레스타인인들과 평등한 관계로 서로 공존할 수 있다고 믿습니다. 하지만 협상에 나서고 현재 상황을 고수하고 있는 시온주의자들의 기본 전제는 팔레스타인인들은 열등한 종족이며 무슨 수를 써서든 그곳에서 몰아내야 한다는 것입니다. 주류 시온주의자들의 머릿속에 다른 생각은 결코 없습니다. 이스라엘 유대인들만큼이나 시온주의 이념에 젖어 있는 미국 유대인들도 마찬가지입니다.

당신이 가자에서 자주 들었던 'maut batiq'(느린 죽음)이라는 말이 바로 그런 뜻이겠죠.
맞습니다.

『율리시스』에서 주인공 스티븐 디덜러스는 역사를 가리켜 "내가 깨어나려고 애쓰는 악몽"이라고 했습니다. 만약 당신이 악몽에서 깨어난다면 무엇을 보게 될까요?
저는 디덜러스와 생각이 다릅니다. 역사가 악몽이라고 생각하지 않습니다. 저는 역사가 많은 가능성들을 담은 장소라고 생각합니다. 중동과 미국의 현재 정치 구조로는 어떤 실질적인 변화도 일어날 수

메레츠당 Meretz party: 사회민주주의를 표방하는 이스라엘 좌파 정당.
하스바라 Hasbara: 이스라엘의 공공외교 정책.

없습니다. 교육을 통해서만 대단히 서서히 변화할 수 있을 뿐입니다. 변화의 핵심 도구는 바로 교육입니다. 스스로 돌아보고 회의할 줄 아는 민주주의 신념을 가진 시민의식 없이는 이 땅에서든 중동에서든 더 나은 정치적 변화의 희망이 없습니다. 그것은 아주 천천히 일어납니다.

당신은 『하퍼스』에 기고한 글을 이렇게 마무리했습니다. "그곳에 사는 것은 무척 힘들 것이다. 자유롭고 싶다면 망명이 더 나은 선택일지도 모른다. 그럼에도 그곳에서는 내가 예전에 보지 못했던 새로운 미래를 느끼고 볼 수 있다." 그 말을 들으니 당신이 어디선가 인용했던 T.S.엘리엇의 구절이 생각납니다. "개별적인 실존의 천체들의 불가능한 합일이 여기서 실현되고, 과거와 미래가 여기서 극복되고 조화된다." 당신이 꿈꾸는 미래가 바로 이런 것이겠죠.

물론입니다. 그리고 저는 꿈을 갖고 있다면 가능한 일이라고 생각합니다. 그래서 문화가 그렇게 중요하다고 보는 것입니다. 문화는 비전 있는 대안을 제시합니다. 현재 우리가 살아가는 세상을 꽉 막고 있는 것, 가령 팔레스타인인들에게 불합리한 권력과 불평등한 지위 너머를 보지 못하게 하는 세상의 걸림돌을 걷어차고 새로운 꿈을 꾸고 대안을 볼 수 있는 가능성을 열어줍니다. 저는 오래전에 위대한 영국의 비평가 레이먼드 윌리엄스*에게서 이것을 배웠습니다. 그는 저에게 항상 대안을 생각하라고 가르쳐 주었습니다. 다른 세상을 꿈꾸는 것만이 아니라 아무리 어렵고 힘든 상황에 처했다 할지라도 항상 대안이 있다고 가르쳐주었습니다. 우리는 주어진 것을 그냥 받아들이거나 현재 상황이 변하지 않는다고 여기지 말고 대안을 생각하는 훈련을 해야 합니다.

레이먼드 윌리엄스 Raymond Williams(1921~1988): 20세기 영국의 대표적인 문예이론가.

4

이스라엘 - PLO 협정: 비판적인 평가

© 안영민

1993년 9월 27일

의심은 여러분의 지성과 비판 능력의 일부입니다.
여러분은 이런 능력을 적극 행사해야 합니다.
이데올로기에 의해 걸러지고 잘 포장된 정보를
그냥 받아들이기만 하는 식물인간이 되어서는
안됩니다.

데이비드 버사미언: 지난 9월 13일 워싱턴에서 이스라엘 정부와 PLO 간에 합의된 오슬로 협정에 대해『타임』은 "역사적 돌파구"라는 표현을 쓰며 열렬히 환호했습니다.『뉴욕타임스』의 토머스 프리드먼은 "베를린 장벽의 붕괴에 맞먹는 중동의 역사적 사건"이라고 썼죠. 그러면서 "광신적 신념을 누르고 현실을 고려한 승리, 정치적 소심함을 딛고 용기를 발휘한 승리"라고 표현했습니다. 당신은 워싱턴에서 일어난 일에 대해 어떻게 생각하십니까?

에드워드 사이드: 저 역시 중요한 계기가 될 것으로 기대합니다. 하지만 팔레스타인인의 입장에서 보자면 이스라엘에 대한 굴복 선언일 뿐입니다. 실제로 협정에 환호했다는 토머스 프리드먼은 기회가 날 때마다 좀 더 정직한 평가를 내렸습니다. 어떤 기사에서 그는 이번 협정을 팔레스타인인의 '항복'이라고 했는데 저는 그것이 진실이라고 생각합니다. 조금 뒤에 살펴보겠지만 물론 긍정적인 측면도 있습니다. 하지만 무작정 환호하는 것 말고 다른 어떤 목소리가 있는지 살펴볼 필요가 있다고 생각합니다. 이를테면 3주 전에 한 텔레비전 프로그램에 전 국무장관 제임스 베이커가 출연했는데, 사회자 코키 로버츠가 옆에서 계속 이렇게 물었습니다. "이스라엘이 PLO를 왜 믿어야 하죠? 결국 아라파트는 테러리스트잖아요. 그들은 한 번도 약속을 지키지 않았어요." 그러자 몹시 격양된 제임스가 이렇게 말했습니다. "코키, 그들이 아라파트를 믿고 안 믿고는 아무 상관이 없어요. 사실 아무것도 내주지 않았으니까요." 비슷한 시기에 저는 BBC에서 '비둘기파'* 이스라엘인 아모스 오즈와 함께 인터뷰를 했습니다. BBC의 마이클 이그나티에프가 아모스에게 이 협정에 대한 생각을 물었습니다. 오즈가 한마디로 요약했습니다. "그러니까 1993년 9월 13일은 1948년 이스라엘 건국 이래로 시온주의가 거둔 두 번째로 위대한 승리의 날입니다." 이런

비둘기파: 정치·사상·언론 등에 관해 자기 주장을 강경하게 내세우지 않고 상대편과 타협하려는 온건파를 뜻한다.

평가들을 들어보면 뭔가가 있는 게 확실합니다.

협정의 긍정적인 면을 보자면, 먼저 이스라엘이 PLO를 인정했다는 점을 들 수 있습니다. 하지만 PLO는 팔레스타인인들을 대표하는 기구이지 유일하게 적법한 대표성을 갖지는 않습니다. 이런 긍정적인 부분만을 보면 중요한 결과를 놓칠 수 있는데, 오슬로 협정은 팔레스타인이 이스라엘을, 그들의 존재 권리를 인정한다는 뜻이기도 합니다. 이것은 국제 관계에서 존재하지 않는 관례입니다. 게다가 여기에는 PLO의 일련의 포기가 뒤따릅니다. 폭력, 테러리즘을 포기한다는 뜻이며, 이것은 PLO가 과거에 테러리스트 집단이었음을, 그리고 이제 새롭게 개혁했음을 뜻합니다. 그런데 팔레스타인인들에게는, 그리고 미국과 이스라엘을 제외한 대부분의 세계에서는 PLO가 국가의 권위를 갖는 해방 기구입니다. 따라서 이번 협정으로 이스라엘의 더 큰 폭력에 맞서는 저항으로 해석할 수도 있는 PLO의 행동은 기각되고, 결국 테러와 폭력이었음을 인정하는 셈이 되고 맙니다. 적어도 백 년 동안 시온주의자들의 팔레스타인 침공에 맞서 저항했지만 번번이 실패했고 슬프게도 어떤 영토도 되찾지 못했던 팔레스타인 저항 운동의 역사를 이런 식으로 정리하는 것은 제가 볼 때 수치스럽기 그지없습니다. 이제 PLO와 이스라엘은 1973년에 채택된 제4차 중동 전쟁 휴전에 대한 유엔 결의안 242호와 338호에 기초해서 협상을 진행하게 될 것입니다. 그런데 두 결의안에는 팔레스타인인들에 대한 언급이 전혀 없습니다. 이후의 역사가 증명하겠지만 아마도 이런 협상 과정에서 PLO는 1948년 이후 유엔이 통과시켰던 다른 결의안들을 모두 포기하게 될 겁니다. 여기서 가장 중요한 것이 1948년 이스라엘에 의해 난민이 된 팔레스타인인들에게 보상을 받거나 재배치를 받을 자격이 있다는 내용의 194호입니다. 미국도 참여한 결의안인데, 이제 유엔에서 이스라엘 대표와 PLO 대표가 만나 관련 유엔 결의안을 수정하고 철회하고 재협상할 겁니다. 이스라엘의 정착촌을 비난하는 결의안, 예루살렘과 골란고원*을 합병한 것을 비난하는 결의안, 점령지 민간인들을 학대한 것을 비난하는 결의안까지도 말입니다. PLO는 점차 이런 것들을 포기하고 있습니다.

또 하나 덧붙이자면, 이번 협정이 팔레스타인인들의 국가적 권리와 자결권을 위한 협상이 아님을 PLO가 받아들였다는 사실이 저를 심란하게 합니다. PLO가 협상하는 것은 서안과 가자 지구에 거주하는 주민들의 제한적 잠정 자치입니다. 이스라엘과 PLO가 그날 합의에서 주고받은 문서와 원칙들을 살펴보면 서안과 가자 지구에 살지 않는 팔레스타인인들에 대한 언급이 전혀 없습니다. 절반이 넘는 팔레스타인인들이 현재 레바논, 시리아, 요르단 등지에서 나라 없는 백성으로 살고 있습니다. 요르단에만 140만 명이 있는데 다들 그냥 무시된 겁니다.

오슬로 협정 조인식이 끝나고 연회가 열렸는데 다들 축하 분위기였습니다. 저도 초대를 받았지만 참석하지 않았습니다. 제가 볼 때는 축하할 일이 아니라 애도해야 할 일이었으니까요. 연회는 번지르르하게 꾸며졌습니다. 클린턴은 마치 로마 황제라도 되듯 두 명의 가신을 자신의 황궁에 초대해서 자기 앞에서 악수하게 했습니다. 한껏 차려입은 스타들의 행렬도 눈에 거슬렸습니다. 무엇보다 가슴 아팠던 것은 이스라엘 총리 라빈이 팔레스타인인들에게 고통이니 햄릿의 불안이니 상실이니 희생이니 하며 떠들어대는 연설이었습니다. 이스라엘이 안됐다는 생각을 했습니다. 아라파트의 연설은 실제로 사업가가 써준 것으로 임대계약서나 다름없었습니다. 참으로 끔찍했습니다. 게다가 그는 팔레스타인 백성들의 희생에 대해 한마디도 언급하지 않았습니다. 아예 팔레스타인 백성을 진지하게 언급하지도 않았습니다. 무척이나 슬펐습니다. 그리고 보니 그의 연설, 그날의 축하

골란고원: 이스라엘이 1967년에 전쟁을 통해 시리아로부터 빼앗은 군사적 요충지.

행사는 합의의 내용과 완전하게 맞아 떨어지는 것 같습니다. 이번 협정을 통해 팔레스타인인들은 이스라엘에 의존할 수밖에 없는 종속적 처지에 놓이며, 이스라엘은 당분간 계속 서안과 가자 지구를 지배할 것입니다.

<u>최근에 나온 당신의 책『문화와 제국주의』에 보면 상위자와 하위자의 관계, 식민주의, 인종차별, 제국주의 같은 주요 주제들을 문학이라는 프리즘을 통해 바라보고 있습니다. 이런 주제들은 화창한 월요일 아침 백악관 앞마당에서도 파급력을 가질 것 같습니다.</u>

제 관점에서 볼 때 핵심은, 마드리드 평화 과정에 합의함으로써 한때 투쟁의 최전선에 서서 팔레스타인의 투쟁 정신을 대표하며 권리, 자유, 평등을 위해 싸워왔던 PLO가 유대인에 저항하는 것이 아니라 사실상 미국과 이스라엘의 수하로 전락했다는 점입니다. 축하 행사가 저를 그토록 슬프게 했던 이유이자 제가 지난 1991년 늦여름, 초가을에 팔레스타인 민족평의회(PNC)를 떠났던 이유이기도 합니다.
아라파트에게는 여러 면에서 최고의 순간이었을 겁니다. 그는 이후 사람들과 아랍 언론을 만날 때마다 백악관에 초대된다는 것이 무슨 의미인지 알고 있느냐고 떠들었습니다. 일종의 '흑인 노예근성'입니다. 마침내 우리가 여기에 왔다, 그들이 우리의 머리를 툭툭 치고는 받아주었다, 우리도 근사한 의자에 앉아 그들과 대화를 나누게 되었다, 이런 거죠. 하지만 많은 팔레스타인인들, 그러니까 아라파트가 업적을 자랑스레 내세우려고 했던 예리코(서안 지구의 도시)와 가자 지구 거리의 사람들이 아니라 다른 팔레스타인인들에게 이것은 예기치 못한 모욕을 주고 영원한 종속을 선언하는 행위입니다. 마치 미국이 우리의 미래의 열쇠를 쥐고 있다는 인상을 줍니다. 1948년 이후로 미국이 우리 백성들에게 무슨 짓을 했는지 다 잊은 채 말입니다. 작년에만 해도 미국이 우리에게 어떤 일을 저질렀습니까.
비밀 협상에서 그들은 주로 이스라엘 시민들의 안전을 위해 서안과 가자 지구의 보안 협정을 논의했습니다. 협의는 사실 오슬로에서 시작된 것이 아니라, 1992년 가을 PLO 고위급 관리들과 고용된 팔레스타인 고문들과 몇몇 이스라엘 보안 전문가들이 보스턴의 아메리칸 아카데미에서 만나면서 시작됐습니다. 누구도 팔레스타인인들의 안전에 대해서는 말하지 않았습니다.

회담이 진행된 작년 10월부터 올해 9월까지는 서안 지구에서 가장 가혹한 억압이 있었던 시기였습니다. 어느 해보다 많은 사람이 죽었습니다. 가자에서만 2, 30명이 희생됐는데 채 열다섯이 넘지 않은 아이들이 많았습니다. 국외 추방이 대대적으로 벌어졌습니다. 12월에 이스라엘은 415명의 팔레스타인인을 추방했습니다. 테러리스트라면서 그냥 레바논 국경 밖으로 몰아냈습니다. 영토를 막아버린 겁니다. 그것도 그냥 막은 게 아니라 온 도로에 바리케이드를 쳤습니다. 이스라엘은 모든 도로를 통제합니다. 따라서 점령지 내에서 돌아다니기가 무척 어렵습니다. 비밀리에 협상을 진행하는 동안 벌어진 이런 일에 대해서는 아무 언급도 하지 않았습니다. 사람들이 강제로 추방당했고 1만 4,000명에서 1만 5,000명에 달하는 시민이 아직도 정치범 수용소에 갇혀 있는데 여기에 대해 아무 말이 없었습니다.

따라서 저는 아라파트가 저지른 국가 말소의 기도와 그가 연설의 말미에 '감사합니다'를 연발한 것에 경악을 금치 못합니다. 미국에게 무엇을 감사한다는 말인가요? 이스라엘에게 무엇을 감사하죠? 이스라엘은 레바논을 침략하기 불과 한 달 반 전에 남부 레바논에 40만 명에서 50만 명의 난민들을 만들겠다고 공언했고, 실제로 난민들이 발생했습니다. 이런 사실은 전혀 언급되지 않았습니다. 우리는 이런 문제에 관심을 가져야 합니다.

<u>당신은 팔레스타인 민족평의회에서 사임하기 전부터 이미 불길한 예감을 느낀 것 같습니다. 1980년대 말 인터뷰에서 PLO 운동이</u>

"전혀 진보적이지 않은 계급의 이해에 지배"된다고 말하면서 "상류층 팔레스타인 부르주아들이 PLO에 엄청난 영향력을 행사"한다고 했고, "미국에 이데올로기적으로 의존"하는 현상을 지적했습니다.

실제로는 10년 전부터 그렇게 주장했습니다. 저는 1979년 여름을 베이루트에서 보냈는데, 그곳에서 아랍 세계와 미국의 관계에 관해 강의하고 관련 세미나를 열었습니다. 그때 참가한 사람들로부터 협상의 문제에 대한 질문을 받았습니다. 저는 PLO가 당연히 이스라엘과 협상할 것이라고 말했습니다. 제가 염려하는 것은 협상 자체가 아니었습니다. 저는 그들이 어떤 식으로 협상할지, 어떤 목적을 위해 협상에 임할지, 그리고 어떤 형태의 독립과 어떤 팔레스타인 국가를 논의할지가 걱정스럽습니다. 저에게 앞을 내다보는 능력이 있는 것은 아니지만, 그들이 기본적으로 궁핍하고 아무것도 가진 것 없는 대다수의 팔레스타인인들에 대해 고민하고 걱정하지 않는다는 생각에 두렵습니다. 실제로 PLO는 점점 더 상류층의 이해를 위해 봉사합니다. 이데올로기적으로 미국과 자본주의에 의존하며, 팔레스타인 사회와 그것이 속해 있는 아랍 세계가 어떻게 개혁되어야 하는지에는 전혀 관심이 없는 부르주아들 말입니다. 그래서 아랍 세계에 우리를 지지하는 사람들이 그렇게 많은 겁니다. 우리가 땅을 차지하려고 노력하기 때문이 아니라 자유와 민주주의, 그리고 무엇보다 사회적, 이데올로기적 변혁을 이루기 위한 세속적 투쟁을 대표하기 때문입니다. 이런 변혁은 아직 일어나지 않았으니까요.

<u>당신은 아라파트와 그 주위 측근들이 어느 정도로 인종차별과 식민주의 태도를 내면화하고 있다고 생각하십니까?</u>

글쎄요, 자주 만나지도 않는 사람의 심리 상태를 꿰뚫어보는 것은 어려운 일이죠. 다만 1982년 이스라엘의 레바논 침공 이후 팔레스타인과 PLO 지도부에 질적인 변화가 있었던 것은 확실합니다. 팔레스타인

지도부는 미국의 명령과 협조로 어쩔 수 없이 레바논을 떠나 튀니스로 자리를 옮겼습니다. 그리고 1980년대에 팔레스타인 백성들과 접촉이 끊어졌습니다. 제 생각에는 그 과정에서 본래의 사명도 잃어버린 것 같습니다. 저는 그곳에 들를 때마다 엄청난 실망을 느꼈습니다.
저는 지금도 PLO가 우리의 유일한 단체라고 믿습니다. 그것은 아라파트와 그 주위에 남아 아부를 일삼고 돈이라면 무슨 짓이든지 다 하는 그런 몇몇 사람들의 소유가 아니라 민족을 대표하는 단체입니다. 그런데 1980년대에 이르러 PLO는 대중들의 조롱거리로 전락했습니다. 사람들은 아라파트와 그의 젠체하는 태도를 보고 웃습니다. 지도부는 비록 인티파다에 가담하기는 했지만 봉기가 그렇게 크게 번질 줄은 몰랐을 겁니다. 1980년대에 거둔 최고의 성과는 1988년 알제에서 열린 팔레스타인 민족평의회 모임입니다. 하지만 어떻게 보면 현장에서 벌어진 여러 상황들과 인티파다라고 하는 대규모 탈식민주의 봉기가 엄청난 성공을 거두면서 PLO로서도 어쩔 수 없이 떠밀린 것입니다.
저는 걸프전 때 지도부의 최종적인 몰락을 보았습니다. 그들은 현실과 엄청나게 동떨어진 생각에 틀어박혀 소통할 줄 몰랐습니다. 1990년 12월 PLO의 고위 지도자들 몇 명과 뉴욕에서 만났는데, 당시에도 그들은 전쟁이 곧 일어나리라는 것을 이 나라 모든 사람들이 다 알고 있는데도 전쟁은 일어나지 않는다고 제게 말했고, 설사 전쟁이 일어나더라도 이라크가 분명히 이긴다고 했습니다. 조직에서 서열이 두 번째인가 세 번째인 사람이 이라크에는 당신이 이름도 들어보지 못한 엄청난 무기가 있다고 했습니다. 그것만 있으면 미국을 괴멸시킬 수 있다고 했습니다. 사담 후세인 같은 이를 지지하고 그 정부의 지지를 받을 때 일어나는 전략적, 전술적, 이데올로기적 실책이 바로 이런 것입니다. 그때부터 저는 상황을 개선할 방법이 도저히 없다는 것을 알았습니다. 책임감도 없고 책임을 물을 체계도 없었으니까요.
부분적으로 저와 마흐무드 다르위시의 노력에 힘입어 제 친구

샤피크 알-후트가 1991년에 PLO 집행위원회 회원이 되었는데, 그가 말하기를 아라파트는 1990년부터 재정 권한을 독점했다고 했습니다. 그를 제외하고는 누구도 수표를 쓰지 못했습니다. 혼자서 재정을 다 관리했습니다. 그리고 1992년 봄에 아라파트가 탄 비행기가 리비아에서 추락하자 사람들은 소스라치게 놀랐습니다. 이제 우리 월급은 누가 주지? 하며 말입니다. 돈의 흐름을 알고 있는 사람은 그밖에 없었으니까요.

따라서 저는 이런 이데올로기적 마비 상태에 극적인 해결책이 당장 필요하다고 생각합니다. 그래야 전통적인 PLO 리더십이 살아날 수 있습니다.

<u>미국에 기대어 문제를 해결하려는 아랍 정권의 습관에는 이런 비공식 루트를 통한 협상이 한몫을 차지하겠죠.</u>

맞습니다. 팔레스타인인들도 이런 고정관념에 빠져 있는데 지금까지 저는 이런 것을 타파하는 일에 깊이 관여해왔습니다. 저는 이를 '투쟁'이라 부르지 않습니다. 그것을 표현하기에 투쟁이란 단어는 너무도 고상한 말이니까요. PLO 지도부에게 저는 미국이 어떻게 돌아가는지 설명하려고 애썼습니다. 우리가 할 수 있는 최악의 일은 레이건과 부시 시대에 그들이 했던 행동을 되풀이하는 것이라고 설명했습니다. 마드리드 평화회의가 그렇게 이루어진 것인데, 당대 권력에만 의지해서 그쪽에 빌붙었습니다. 어떤 중요한 사람, 가령 대통령과 정부에게 다가가서 몇 가지를 약속한다면, 나중에 그의 이해에 따라 행동하겠다는 것을 보여줄 수 있다면, 그가 해결책을 제시해 주리라는 완전히 잘못된 희망을 품은 것입니다. 저는 그들에게 미국은 시리아와 다르다고 설명했습니다. 하페즈 알 아사드* 같은 인물이나 그를 돕는 보좌관이나 당신 편인 각료가 도와주리라 기대해서는 안 된다고 했습니다. 미국은 복잡한 사회다, 과거에도 그랬고 지금도 팔레스타인의 자결권을 완전히

반대하는 체제가 있다, 그들의 사회적·정치적 메시지가 있다고 설명했습니다. 또 언론과 대학, 교회, 소수자와 인종 단체와 노동운동이 있다고 설명했습니다. 저는 1970년대 후반부터 이런 것에 주목해야 한다고 말해 왔습니다. 하지만 그들은 주목하지 않았습니다. 걸출한 백인을 찾아내면 그가 모든 것을 해결해 주리라고 믿었으니까요. 이것은 협상과 대표단 파견에도 영향을 미쳤습니다. 이들은 어리석게 굴었습니다.

예를 하나 들어보죠. 1992년 봄 4월, 미국 대통령 예비선거가 한창일 때, 워싱턴에 있는 제 친구가 당시 후보자였던 클린턴이 워싱턴에 와 있고, 이스라엘과 협상을 벌이고 있는 팔레스타인 대표단과 아주 가까운 곳에 묵고 있다는 것을 알았습니다. 제 친구는 클린턴 사람들에게 가서 클린턴이 팔레스타인 대표단을 만나봤으면 좋겠다고 말했습니다. 클린턴은 기꺼이 그러겠다고 대답했습니다. 그러고는 도와줄 일이 없는지 찾았습니다. 그 전까지만 해도 그는 이스라엘에 관심을 보이지 않았습니다. 그래서 제 친구는 팔레스타인 대표단을 찾아갔는데 그들이 만나기를 거부했습니다. 민주당 주자와 접촉했다는 것을 공화당과 부시 정부가 알기라도 하면 자신들을 곤란에 빠뜨릴 것이 뻔하기 때문에 만날 수 없다고 했습니다. 11월에 선거가 끝나고 12월에 워싱턴에서 새로운 행정부와 각국 대표단과의 순시가 있었습니다. 하지만 여전히 팔레스타인 대표단은 민주당과 접촉하는 것을 꺼렸습니다. 혹시라도 베이커*가 행정부 마지막 달에 그들에게 뭔가를 줄지도 모른다고 생각했던 겁니다. 팔레스타인인들이 공개적으로 지지했던 부시 행정부는 이스라엘에 이미 100억 달러의 차관을 제공했고, 1992년 12월에

하페즈 알 아사드 Hafez al-Assad(1930~2000): 강경한 아랍 민족주의 노선을 내세운 시리아 대통령.
제임스 베이커 James Addison Baker(1930~): 미국의 정치가로 레이건 대통령의 수석 보좌관을 지냈고, 조지 부시 행정부에서 요직을 두루 거쳤다.

팔레스타인인들의 국외 추방을 승인하거나 적어도 충분히 항의하지
않았습니다. 이 모든 것이 이데올로기적 고정관념의 결과입니다.
미국인들만 팔레스타인에 대해 고정관념을 가지고 있는 것이 아닙니다.
그것도 충분히 나쁘지만, 이것은 팔레스타인인들의 마음속에 있는
미국인들에 대한 고정관념입니다.
정말 한심하고 멍청한 일이 아닐 수 없습니다. 멍청한 일에는
핑계가 있을 수 없습니다. 제가 지금 말하는 것은 미국에 살고 있는
팔레스타인인들이 아닙니다. 아라파트는 서양에 대해 아무것도 모르며
서양에 살아본 적도 없고 아라파트는 영어에 미숙합니다. 굴욕적인
협정문에 서명한 마흐무드 압바스*도 영어를 할 줄 모릅니다. 문제는
옆에 있는 보좌관들입니다. 미국에서 교육을 받은 그들은 아라파트와
마찬가지로 이데올로기적으로 편협합니다. 정말 비극입니다. 이
나라에서 교육 받은 지식인들이 자신의 지식을 통해 의식의 변화를 이뤄
최소한 미국이라는 나라가 그저 우리가 좋아하거나 싫어하는 사람들로
구성된 무리가 아니라 하나의 체계로서 어떤 곳인지 이해하고, 동등한
위치에서 미국과 관계를 가질 수 있다면 얼마나 좋겠습니까?

<u>이렇게 자극적인 용어를 쓰고 싶지는 않지만, 부족주의 방식으로
돌아가고 있다는 생각이 듭니다. 수장, 족장이 전권을 쥐고 지배하는
체제 말입니다.</u>
제가 그런 단어를 사용했는지 모르겠지만 부족주의란 말에는
인종차별적 발상이 들어 있습니다. 위기의 시대에 불명예스럽게도
이런 관념을 심어준 민족주의 운동이 진보적이지 않은 정치 스타일,
권위적인 정치 스타일을 계속해서 고수하는 것은 사실 사회적,
정치적, 이데올로기적 선택의 결과입니다. 이런 스타일은 선진국에도
존재합니다. 유럽의 많은 나라들이 권위주의로 돌아가고 있습니다.
당신은 부족주의라고 했지만 저는 외국인공포증이라고 부릅니다.

팔레스타인인들은 무슨 일을 하든지 다 옳다, 왜냐하면 그들은
팔레스타인인이니까, 하는 것이죠. 리더십은 어떻게든 지지를 받아야
합니다. 우리는 민주주의에 대한 논의를 많이 합니다. 다른 아랍 세계에
비해 보다 민주적입니다. 사람들은 자유롭게 말합니다. 저도 항상 강한
비판의식을 표현합니다. 하지만 제도적인 반대의 목소리는 존재하지
않습니다. 어쨌든 당신은 지도자를 지지해야 하고, 지도자는 무엇이
가장 좋은지 안다고 생각합니다. 비극은 이 운동에 몸담고 있는 이런
지식인들이 8월 27일 비밀 합의*가 밝혀지기 일주일 전만 하더라도
PLO 내의 상황이 얼마나 참혹한지, 아라파트가 얼마나 안하무인이고
독재적인지, 주위에 아첨꾼이 얼마나 많은지, 세력이 얼마나 줄었는지
저에게 토로하다가 협의가 이루어졌다는 발표가 나자 싹 돌아서서
아라파트가 천재라며 추켜세웠다는 사실입니다. 이들은 정치를 비밀
거래, 위대한 지도자, 기적 같은 거대한 사건에 의해 한순간 뚝딱
변화하는 것으로 여깁니다. 종교의 관점에서 정치를 바라보는 것입니다.
이것이 문제입니다.

<u>협정의 구체적인 내용과 앞으로 일어나게 될 결과를 어떻게 보십니까?</u>
대체로 다들 이미 결정된 일이라고 봅니다.
미국인들은 전체적으로 환영하고 있습니다. 자유주의자 유대인들,
'피스 나우'*의 친구들, 미국에서 리쿠드당을 비판하는 무리들 역시도
협정을 환영합니다. 실제 합의 내용에 대해 실망한 팔레스타인인들
중에서도 상황이 나아지기를 희망하는 목소리가 어느 정도 있는

마흐무드 압바스 Mahmoud Abbas(1935~): 팔레스타인 자치정부의 2대 수반.
이스라엘과의 평화 공존을 지지하고 인티파다를 공개적으로 비판해 미국의 꼭두각시라는
비판을 받고 있다.
8월 27일 비밀 합의: 8월 27일에 시몬 페레스 이스라엘 외무장관과 요한 홀스트 노르웨이
외무장관, 워런 크리스토퍼 미국 국무장관 사이에 있었던 '오슬로 협정' 체결에 대한
사전 비밀 합의를 말한다.
피스 나우 Peace Now: 중동의 평화를 바라는 이스라엘 시민단체.

것으로 알고 있습니다. 저 역시 마찬가지입니다. 어느 측도 속았다고
생각하지 않습니다. 애초부터 대단히 동등하지 않은 양자 간에 이루어진
합의니까요. 가장 놀라운 성명은 이번 거래와 무관한 아라파트의
대변인 나빌 샤스가 발표한 것이었습니다. 협정 체결이 발표되자
그는 기자회견을 열고 이번 협정이 이스라엘인들과 팔레스타인인들
사이에 완전한 '동등'을 수립한 원칙의 선언이라고 말했습니다. 그런
허튼 소리에 속아 넘어갈 사람은 세상에 없습니다. 제가 아는 그
어떤 팔레스타인인도 그 말을 믿지 않습니다. 하지만 서안과 가자
지구의 팔레스타인인들은 제가 그곳에서 돌아온 이래로 계속해서
거의 매일 소식을 주고받고 있는데, 이스라엘이 적어도 몇몇 구역에서
철수하리라는 말이 돌고 있다고 합니다. 26년간 계속된 잔혹한 군사
점령의 강도가 누그러지고 약간의 자유가 생길 수 있다는 기대감,
어쩌면 돈이 들어올지도 모르고 독립을 향한 진전이 있을지도 모른다는
기대감은 저를 포함해서 모두가 갖고 있습니다. 하지만 협정문에 명시된
것과 그렇지 않은 것이 무엇인지 우리가 제대로 이해하지 않으면
현실적인 성과를 거두기 어렵다고 봅니다.

그러므로 제가 생각하기에 가장 먼저 이해해야 할 사실은, 우리가
제2의 위치에서 이스라엘을 상대하므로 그런 약점을 감안해야 한다는
점입니다. 이건 인정해야 합니다. 그리고 합의에는 강자인 이스라엘의
관점이 주로 반영되었습니다. 중요한 많은 사항에서 굴복의 계기일
수밖에 없는 이유입니다. 지금 당장은 팔레스타인인들에게도 약간의
도움은 되겠지만, 결과적으로 발목을 잡힐 수도 있습니다. 우리가
서명하고 받아들인 조항에 이런 제한이 많습니다. 협정문 안에 어떤
제한이 있는지 이해하지 않으면 우리는 앞으로 나아갈 수 없습니다.
우리가 성공할지 알아보려면 무엇이 가능하고 무엇이 불가능한지
알아야 합니다.

가장 중요한 것은 잠정적인 해결책을 받아들일 때 어떻게 되는지

이해하는 것입니다. 잠정 자치의 원칙 선언 The Declaration of Principles on Interim Self-Government Arrangements이라고 하는 것입니다. 우리는 영토를 점령당했다고 주장합니다. 우리와 미국을 포함한 세계는 점령지는 당연히 해방되어야 한다고 항상 말해왔습니다. 하지만 이번 협정으로 인해 우리의 영토는 분쟁지역이 되었습니다. 이스라엘이 그렇게 말했고 우리는 받아들였습니다. 여기서 주요 이슈인 주권이나 통제에 대해서는 말하지 않기로 했습니다. 대신 잠정 시기에 제한적인 자치에 대해 말하고, 정착촌 문제나 주권, 토지, 물, 예루살렘 등의 문제는 최종 지위 협상으로 넘기기로 했습니다. 최종 지위 협상에서 양측은 서로의 주장을 밀어붙일 것입니다. 주장은 동등하며 당파적이지 않습니다. 그 와중에 이스라엘이 땅을 지배합니다.

저는 우리가 오랫동안 국제 무대와 아랍 세계에서 벌인 투쟁으로 얻었던 것을 이번 협정으로 잃게 되었음을 밝히는 바입니다. 그것은 이곳이 점령지이지 통치령이 아니라는 것입니다. 지금까지도 이스라엘은 스스로를 군사 점령국이라고 여기지 않습니다. 협정문에도 당연히 그런 내용은 없습니다. 협정문을 보면 이스라엘이 완전히 철수할 것이라고 말하는 대목은 없습니다. 일부 지역에서 철군하고 몇몇 지역에 군대를 재배치한다는 말은 있습니다. 정착촌과 다른 모든 것들은 계속될 것입니다. 축하의 날에 라빈이 기자회견에서 말했듯이 이스라엘은 요르단 강으로 접근하는 길과 너머로의 통행을 계속 지배할 것이고, 바다와 가자 해안을, 가자와 이집트, 요르단과 예리코의 국경을 계속 통제할 것입니다. 90킬로미터 거리인 가자와 예리코 사이의 땅을 지배할 것입니다. 그리고 외교 문제뿐만 아니라 안보 문제도 이스라엘이 지배할 것입니다.

라빈은 기자회견에서 PLO가 거의 백 명 정도 되는 대사 운영비를 가자 지구에 투자해야 한다고 주장했습니다. 그런데 지난 여섯 달에서 여덟 달 동안 런던, 파리, 네덜란드, 뉴욕 등지의 대사들이 PLO로부터 월급을 받지 못했다고 합니다. PLO가 파산했고 월급이 나오지 않았다는 말이 들립니다. 이러다가 유엔 같은 국제기구 파견 대사를 포함하여 많은 PLO 국제 대사들이 일을 접어야 하는 것은 아닌가 하는 불길한 생각이 듭니다. 두 번째로 PLO는 이제 이런 원칙 선언에 서명한 당사자일 뿐만 아니라 사실상 자치정부가 되었습니다. 이스라엘의 수사는 대단히 신중하고 정확합니다. 그들은 PLO가 정당 이상의 존재라고 한번도 말하지 않았습니다. 민족정당도 아니요, 한 나라를 대표하는 단체도 아닙니다. 팔레스타인 자결권을 표현하는 기구가 아닙니다. 그냥 리쿠드당, 노동당처럼 다른 정당들과 한정된 지배권을 두고 경합하는 지역 정당입니다. 여기에 포함된 겁니다.

셋째는 개발 문제입니다. 관광, 건강, 위생, 조세 분야는 팔레스타인인들이 어느 정도 통제하겠지만, 이 협정으로 개발을 위한 대규모 자금이 처음으로 갑작스럽게 흘러들어올 것입니다. 이를 위해 이스라엘과 팔레스타인이 공동으로 개발 위원회를 구성할 것입니다. 하지만 이스라엘의 경제력이 훨씬 강합니다. 가자 지구도 지역 경제의 85퍼센트를 이스라엘에 의존하고 있습니다. 이스라엘의 제조업 등이 이 지역을 먹여 살리고 있죠. 따라서 유입되는 개발 자금도 이스라엘 손에 들어가게 됩니다. 서안과 가자에 대한 이스라엘의 개발 프로젝트와 계획은 팔레스타인과 함께 가야 합니다. 사람들은 지금 세계은행 프로젝트, 유럽공동체 프로젝트, 아랍 국가 프로젝트에 대해 말하지만, 이스라엘도 거기에 관여하고 있다는 것을 잊곤 합니다.

저는 이런 개발의 측면이 아마 가장 위험하리라 생각합니다. 이번 협정으로 이스라엘은 서안과 가자라는 팔레스타인 시장을 공식적으로 되찾았습니다. 이스라엘에게 이곳은 수출품을 내보내고 저렴한 노동력을 구하는 장소인데, 앞으로도 계속 그런 역할을 할 것입니다. 어쩌면 팔레스타인 부르주아와 손잡고 그곳 사람들의 복지와는 무관한 리조트, 호텔 등을 개발할지도 모르겠습니다. 이것이 가장 먼저 논의되고 있는 사안들입니다. 팔레스타인인들도 약간의 인프라를 구축하게 되겠지만, 대부분은 이스라엘인들의 수중에 놓이게 될 것입니다. 한편 이번 협정은 이스라엘이 아랍 세계의 일원이 되는 계기가 될 수도 있습니다. 팔레스타인은 미국과 서양과의 돈독한 관계로 인해 한층 조직적이고 강력하고 역동적이 된 이스라엘 경제를 위해 다리가 될 것입니다. 그러면 이스라엘은 예전부터 원해왔던 아랍 세계로의 진출을 이루게 되겠지요. 이런 것들이 이번 협정이 가져올 아주 우울한 점들입니다.
네 번째로 우리는 이 기간 내에 이스라엘 군대가 철수하지 않고 정착촌도 그대로 남아 있다는 것을 기억해야 합니다. 이 문제는 이렇게 이해하면 됩니다. 가자 지구의 대략 40퍼센트는 정착촌과 군대가 차지하고 있습니다. 따라서 철군한다고 해서 팔레스타인인들이 가자의 통제권을 전부 넘겨받지는 않을 테고, 그들이 통제해야 하는 가자 지역만 자치권을 갖게 될 것입니다. 최악의 경우 팔레스타인인들은 이스라엘인들을 위해 법과 질서를 집행하는 일도 해야 합니다. 이스라엘인들은 할 수 없으니까요. 라빈이 기자회견에서 말했듯이 팔레스타인인들은 가자에 살고 있는 팔레스타인 시민들만이 아니라 그곳에 남아 있는 이스라엘인들의 안전도 책임져야 합니다. 이스라엘인들은 이스라엘 병사들의 호위를 받으며 팔레스타인 영토를 통과해야 합니다.
이제 문제는 저항의 권리입니다. 가자 지구는 여전히 군사 점령 지역이므로 만약 팔레스타인 소년이 지프를 향해 돌을 던진다면 누가 이 아이를 벌해야 할까요? 정치범에 대해서는 아무런 언급도 없었습니다. 팔레스타인인들이 돌을 던진 이 아이를 체포한다면 어떻게 할까요? 이스라엘 감옥에 들어갈까요, 아니면 이스라엘이 관리하는 팔레스타인 감옥에 들어갈까요? 다른 해방 운동에서는 찾아볼 수 없는 독특한 상황입니다. 예를 들어 ANC(아프리카민족회의)는 승리했지만 정부를 구성할 때까지, 정부를 통제할 때까지 경찰력에 가담하기를 거부했습니다. 우리는 승리하지도 못했는데, 정부를 구성하기도 전에 이런 역할을 받아들였습니다.

2주 전에 가자와 예리코에서 경찰 업무 훈련을 받은 팔레스타인 해방군 200명이 이스라엘 경찰이 되고 싶지 않다며 차출을 거부했다는 기사가 아랍 언론에 실렸습니다. 대부분의 사람들이 현재 PLO에 대해 갖고 있는 인식이 이렇습니다. 이스라엘을 위해 억지로 봉사하는 사람이라는 것입니다. 국제법상 우리에게 부여된 저항의 권리가 이렇듯 PLO의 거래로 훼손되고 말았습니다.

마지막 논점은 PLO가 지방 당국과 충돌하게 되리라는 것입니다. 우리는 아라파트와 고위층 사람들을 포함하여 우리가 지금 말하고 있는 PLO의 모든 사람들이 서안 지구에 결코 살아본 적이 없다는 것을 기억해야 합니다. 그들은 아무것도 모릅니다. 그리고 투쟁과 점령의 공포는 지역에서 나름의 지위가 있고 희생과 재주와 자원을 통해 자신의 방식으로 살아남은 사람들이 고스란히 겪고 있습니다. 그들은 자체적인 경찰력을 이미 갖고 있기 때문에 외부에서 온 PLO에 권한을 넘기기가 무척 어려울 겁니다. 따라서 내전까지는 아니겠지만 내분이 일어날 수도 있는 심각한 상황입니다.

싸움은 이미 시작되었습니다. 그리고 이것은 비단 서안과 가자 지구에서 PLO와 하마스, 이슬람 자하드가 벌이는 싸움만이 아닙니다. 저는 서양 언론과 정책입안자들이 다른 이유로 문제를 터무니없이 과장하고 있다고 생각합니다. 하지만 팔레스타인 본인들도 PLO의 방법에 불만을 느끼리라 생각합니다. 지난 두 달 동안 아라파트는 이스라엘과 아랍의 언론과 두 차례 인터뷰를 했는데, 정부에서 당신이 맡은 역할은 무엇입니까, 당신은 해방단체의 지도자입니까? 라는 질문에 자신은 10년 동안 베이루트를 지배했다고 대답했습니다. 레바논인이나 당시 베이루트에 살았던 팔레스타인인이 그런 말을 듣는다면 기분이 썩 좋지 않을 겁니다. 본보기가 되어야 할 사람이 이래서는 안 됩니다.

이 협정에 따르면 물의 지배는 어떻게 됩니까? 예루살렘 전 부시장 메론 벤베니스티에 따르면 서안 대수층*의 80퍼센트를 이스라엘이 차지하고 있는데, 이곳의 물은 유대인 정착촌과 1967년 이전 이스라엘 영토로 흘러들어가고 있다고 합니다.

물은 이스라엘의 선제 술책에 맞서 우선적으로 해결해야 하는 시급한 문제입니다. 당신의 말대로 서안의 중요한 대수층은 모두 이스라엘이 차지하고 있습니다. 그들은 정착촌에 물을 대는 용도로 사용할 뿐만 아니라 이스라엘로 끌어가기도 합니다. 남부 레바논 리타니 근처에서 우리가 모르는 지하도 공사가 있었을 겁니다. 지난 25년간 물길을 요르단 강과 지류로 돌리려는 시도가 있었습니다. 팔레스타인은 물론 그 어떤 아랍 국가도 흉내 내지 못하는 시스템이 돌아가고 있습니다. 땅도 마찬가지입니다. 이스라엘이 어떤 땅을 차지했는지, 어떤 땅이 이미 군사적 용도로 지정되었고 어떤 땅에 유대인 정착촌이 건설되었는지 아무도 모릅니다. 여러분이 예루살렘에 가서 보면, 예루살렘이 차지하는 범위는 이제 서안 전체의 거의 25퍼센트에서 30퍼센트에 이릅니다. 협정문에 예루살렘을 팔레스타인으로 반환한다는 말은 나와 있지 않습니다. 그냥 최종 지위 협상 때로 미루었는데, 잠정 지위를 종료하고 어떻게 최종 지위 협상을 시작할지 명시되어 있지 않습니다. 이것이 하나의 문제입니다.

물과 땅과 관련된 두 번째 논점은 제가 볼 때 한층 더 심각합니다. 첫 번째 문제에는 최소한 맞서 싸울 수 있습니다. 당신이 이런저런 일들을 했다고 말할 수 있으니까요. 한층 파괴적인 두 번째 문제는 이스라엘이 무엇을 했는지에 대한 꼭 필요한 정보를 팔레스타인인들이 지금까지도 확보하지 못했다는 사실입니다. 이것은 아랍 세계 전반의 문제입니다. 국가가 믿을 만한 통계를 제공하지 않기 때문에 사람들이 제대로 알지 못합니다. 이데올로기와 정치적 통제가 모든 것을 지배합니다.

대수층: 지하수를 함유하고 있는 지층.

여러분은 실제로 무슨 일이 벌어지고 있는지 전혀 모릅니다. 의식이 깨어 있는 다수의 팔레스타인인들이 상황을 불평하거나 걱정하지 않도록 많은 사항들을 비밀스럽게 논의합니다. 이는 결국 무능함을 키울 뿐입니다. 영어를 모르는 사람들이 변호사도 없이 영어로 협의를 진행합니다. 따라서 물의 경우 우리는 상황이 어떻게 되고 있는지 제대로 파악하지 못하고 있는 상황입니다. 이스라엘이 어떤 땅을 가져갔는지도 알지 못합니다. 저는 워싱턴에서 협정이 발표되고 나서 나빌 샤스와 전화 통화를 했습니다. 그에게 이스라엘이 이미 50퍼센트가 넘는 땅을 차지했다고 말했더니 그는 아니라면서 협정의 결과 그들은 2~3퍼센트만을 차지한 것으로 나타났다고 했습니다. 저는 그것은 사실이 아니라고 했습니다.

이렇듯 개인적이거나 정치적인 이익에 따라 정보를 조작하는 일이 비일비재합니다. 그래서 저나 촘스키 같은 독립적인 사람들은 이것은 위대한 승리이며 우리가 동등한 위치에 올랐다는 당국의 발표를 의심할 수밖에 없습니다. 샤스와 아라파트는 이것이 위대한 순간이며 우리가 백악관의 인정을 받았다고 했습니다. 하지만 훗날 사람들이 전문적인 역량을 갖추게 되고, 그래서 무엇이 잘못되었는지 알게 되면 결국 문제가 수면 위로 떠오를 것입니다. 그동안 정착촌은 계속 확장됩니다. 이런 상황이 그들이 땅을 차지한 것보다 훨씬 불길합니다. 우리는 그들이 얼마나 많이 차지했는지, 어디를 가져갔는지, 이미 이스라엘 쪽으로 흘러들어가고 있는 물에 무슨 일을 했는지조차 모릅니다. 꼭지를 빼서 다른 곳에 꽂은 것이 아니라 이미 시스템의 한 부분이 되어 돌아가고 있습니다.

그래서 유감스럽게도 저는 이번 협정은 현실을 제대로 파악하지 못한 대단히 부적절한 대응이었다고 봅니다.

<u>가자 지구에 대해 말하자면, 주류 언론에서도 그곳이 아무런 인프라도</u>

갖춰지지 않은 몹시 궁핍한 곳이라고 묘사합니다. 가난이 만연해 있고 하수도 뚜껑도 없다고 말입니다. 그러면서 많은 돈을 투자할 필요가 있다고 말하는데, 이스라엘이 점령한 26년 동안 공공서비스, 의료시설, 도로, 학교 같은 분야에서 어떤 일이 벌어졌는지는 아무런 언급도 하지 않습니다.

가자에 살고 있는 팔레스타인 사람들의 대부분은 난민입니다. 그곳에 거주하는 사람들의 80퍼센트, 대략 90만 명이 가자 출신이 아니라 다른 곳에서 흘러들어 왔다는 이야기입니다. 북쪽의 하이파, 야파 출신들이죠. 그들은 1948년 전쟁으로 난민이 되어 자발랴 난민 캠프에 수용되어 있던 6만 5,000명이거나 그 지역에 불법으로 거주하거나 비좁은 곳에서 집도 없이 지독한 환경에서 살아온 사람들입니다. 그들 대부분은 이스라엘이 점령한 지난 26년 동안 아무런 인프라 변화나 발전도 없이 절대적인 빈곤에 허덕이고 있습니다. 반면 정착촌의 주민들은 사치스럽게 살아갑니다.

1971, 1972년 가자 안정화 정책의 책임자가 아리엘 샤론이었다는 사실을 잊어서는 안 됩니다. 가자 지구는 여러 이유에서 봉기가 끊이지 않았습니다. 그러자 이스라엘은 여기에 대규모 정착촌을 건설했습니다. 유대인들이 여기저기 정착했습니다. 이런 계획이 성과를 내면서 이제까지 그리 성공적이지 못했던 이스라엘의 통제가 가자 지구에서부터 효과를 발휘하기 시작했습니다. 굳이 군사시설을 만들고 군대를 주둔시켜 가자 지구를 점령하지 않고도 통제할 수 있게 된 겁니다. 이것이 첫 번째로 중요한 사실입니다.

두 번째로 가자 지구에 대해 언급해야 할 사실은 이스라엘인들은 항상 그곳을 없애기를 원했다는 점입니다. 그래서 많은 돈을 투자하지 않았습니다. 라빈이 기자회견에서 인용한 수치를 보십시오. 그가 공개한 어떤 것보다도 흥미롭다고 생각하는데, 라빈은 서안과 가자 지구에 매년 3억 5,000만 달러가 들었다고 말했습니다. 하지만 가자의 실제

생활을 들여다보면, 하수구 뚜껑도 없고 전기도 들어오지 않고 위생 시설이나 쓰레기 수거도 없고, 무엇보다 일자리가 없습니다. 가자 지구의 경제는 일용직 노동을 하러 이스라엘로 가는 사람들에게 전적으로 의존하니까요. 가자 지구는 여전히 정체되어 있습니다. 세상에서 가장 지저분하고 가난한 마을 가운데 하나가 되었습니다.

동시에 가자 지구는 상당한 부가 있는 곳이기도 합니다. 이것이 중요합니다. 최상위 계층과의 엄청난 불평등이 있습니다. 팔레스타인의 많은 지역들이 그렇듯이 가자 지구에도 인구의 대다수를 차지하는 농민과 일용직 노동자들이, 난민의 환경과는 전혀 접촉하지 않은 채 살아가는 소수의 자본가와 대지주들과 함께 살아가고 있습니다. 이는 중요한 사회 문제가 됩니다. 바로 이 점 때문에 가자 지구는 이슬람 지하드, 인민전선, 공산당, 하마스 같은 급진적인 이데올로기가 대단한 위세를 발휘하는 지역입니다. 이들은 이스라엘의 점령뿐만 아니라 가자의 내부 상황에 대해서도 사회적 이슈를 제기합니다.

언론에서는 이런 문제를 전혀 다루지 않습니다. 그래서 사람들은 가자 지구가 까다로운 골칫거리라는 사실을 전혀 모른 채 마치 이스라엘이 가진 자의 아량을 베풀어 팔레스타인인들이 거기에 사는 것으로 압니다. 6개월 전에도 라빈과 외무장관 페레스는 가자 지구를 바다에 그냥 버렸으면 좋겠다고 말했습니다. 정확히 그렇게 말했습니다. 가자 지구는 인티파다가 시작된 곳이고 많은 아이들이 다친 곳입니다. 열다섯 살 이하의 아이들이 60퍼센트 이상을 차지할 정도로 많습니다. 이 모든 것을 볼 때 가자의 인프라를 개혁한다는 발상은 높이 평가하지만, 저는 이스라엘이 항구를 지배하므로 가자 지구가 이스라엘인들에게 서비스를 파는 비숙련 저임금 노동 시장이 되지 않을까 걱정입니다. 혹은 남부 캘리포니아에 노동 인력과 주택 관리인을 제공하는 멕시코의 국경 도시 티후아나처럼 반숙련 노동 산업의 중심지가 될 수도 있습니다. 저렴한 인력 시장으로 전락하는 것은 무척 경계해야 할 일입니다. 저는 1993년

7월 초에 가자 지구에 갔는데, 협정이 발표되기 전이었는데도 예리코처럼 땅투기가 기승을 부리고 있었습니다. 협정이 체결되리라는 것을 다들 이미 알고 있었습니다. 봄부터 그런 말이 흘러나오고 있었으니까요. 그래서 투기가 성행했습니다. 여기서 투기는 난민들을 위한 주거지가 아니라 리조트, 호텔, 관광센터 등을 짓는다는 뜻입니다. 저는 가자의 상황이 대단히 불행한 방식으로 전개될 가능성이 크다고 봅니다.

음악은 당신의 존재에 대단히 중요한 부분을 차지합니다. 우리의 대화에서도 일종의 은유가 보이는데요. 당신은 항상 수직적으로 통합되는 단선율 음악보다는 성부들이 다른 성부를 따라하거나 대조를 이루며 반응하는 수평선 같은 음악을 좋아한다고 했습니다. 다른 목소리가 결여되었다는 점에서 이번 협상에 이런 음악의 은유를 적용해도 될까요?

대위법은 목소리가 아주 분명하죠. 제가 이번 협정을 비판하는 이유입니다. 이스라엘은 평화롭게 공존할 수 있는 정착촌을 이루기 위해 팔레스타인 파트너가 필요했습니다. 팔레스타인인들과의 관계만이 아니라 다른 아랍과의 관계, 특히 대외 이미지 면에서도 멋진 거래가 될 수 있으니까요. 최근에 인티파다와 1993년 7월 레바논 침공 등으로 대외 이미지가 많이 나빠졌거든요. 이 때문에 제가 PLO 지도부를 비난하는 겁니다. 그들은 자신들의 주요 카드가 이스라엘의 다른 목소리가 되어야 한다는 것을 알았습니다. 그래서 이를 잘 헤아리고 PLO 없이는 팔레스타인과의 평화도 없다는 것을 이해했어야 했는데, 아라파트는 자신의 경력의 침체기에 스스로의 안위를 위해 이스라엘과 거래할 수 있는 카드를 버렸습니다. 그래서 그들에게 믿을 만한 대화자*를 선뜻 내주었습니다. 알제리에서도 프랑스인들은 항상 믿을 만한 대화자를

대화자 Interlocuteur: 공식적인 대변인과 달리 정부의 입장을 비공식적으로 전하고 의견을 교섭하는 사람.

원했지만 FLN은 한사코 거부했습니다. 그런 대화자를 팔레스타인이 이스라엘에게 내준 겁니다. 이스라엘의 점령이 계속되고 인티파다에 대한 파괴가 자행되는 위기의 순간에 말입니다.

이스라엘 입장에서는 멋진 거래입니다. 이제 자신들에게 파트너가 생겼다고 말할 수 있습니다. 하지만 이들이 말하는 파트너란 자신들의 이익을 대변하는 존재입니다. 진정한 파트너, 즉 팔레스타인 민족의 열망과 희망을 대변하는 파트너가 아닙니다. 자신의 역사, 자신의 대표성을 상실한 당파입니다. PLO는 고국을 떠난 팔레스타인 이산민들이 만든 기구입니다. 점령 상태에 있는 서안과 가자 지구의 산물이 아닙니다. 팔레스타인 이산의 산물입니다. 따라서 오늘날 PLO가 의존하는 인구의 절반이 넘는 300만 명에게 중요한 것은 보편적인 민주주의입니다. 그래야 PLO가 현재 상황보다 개선된 자치권을, 현재 합의가 허용하는 수준보다 더 높은 수준의 자치권을 얻을 수 있습니다. 우리는 스스로를 재조직해서 우리의 대표 기구인 PLO에게 우리를 제대로 대표하라고 요구해야 합니다. 민주적 절차를 더 많이 확보하고, 예컨대 여섯 달에서 아홉 달 뒤에 실시될 예정인 선거가 제대로 진행되도록 해야 합니다. 선거를 치르지 않거나 PLO가 계속해서 지배할 수 있도록 선거를 늦추기로 라빈과 아라파트 사이에 비밀 협의가 있었다는 말이 이스라엘 쪽에서 흘러나오고 있습니다. 그럼에도 우리는 선거를 해야 합니다. 그리고 결과에 책임을 지도록 해야 합니다. 어떤 것이 최선인지 알고 있으니 알아서 하겠다고 말하는 지도부는 필요 없습니다. 우리가 참여하고 싶다면 전면적으로 참여해야 합니다. 그저 돈을 기부하고 지지하고 공개적으로 격려하는 것이 아니라 실제로 참여해야 합니다. 중요한 문제입니다.

여기서 대단히 중요한 한 가지를 언급하고 싶습니다. 바보 같고 사소해 보일지 모르겠지만, 팔레스타인에서는 오랫동안 인구조사가 실시되지 않았습니다. 저를 비롯한 몇몇 사람들이 지난 10년 동안 계속해서 주장해온 것이 있습니다. 우리의 정치적 권한을 강화하려면 우리가 누구이고 어디에 있는지 알아야 한다는 것입니다. 아랍 국가들은 인구조사에 늘 반대했습니다. 그들은 알고 싶어하지 않습니다. 팔레스타인에 대한 공식적인 집계를 원하지 않으며, 그것은 이스라엘도 마찬가지입니다.

저는 팔레스타인인이 한 명이라도 거주하는 모든 나라에서 인구조사를 실시해야 한다고 강력하게 요구합니다. 다른 많은 사람들과 함께 이 문제를 공적으로 제기하고 싶습니다. 그래야 그 나라에서 팔레스타인 대표를 구성할 수 있습니다. 우리의 문제는 다들 흩어져 있기 때문에 대표성이 부족하다는 것입니다. 여러분은 팔레스타인인들이 팔레스타인 땅에서 계속 살아가는 것에 직접적인 이해관계가 있는 사람들이라는 사실을 인식해야 합니다. 그러려면 선거 문제, 서안을 대표하는 기구를 구성하는 문제가 인구조사 문제와 연계되어야 합니다. 그냥 우리 편이 선거에서 이기도록 격려하는 것으로는 부족합니다. 그것은 좋은 발상이 아닙니다. 민족주의 시대는 막을 내리고 이제 사회적, 정치적 변혁의 새 시대로 들어서야 합니다. 사람들이 지도자의 변덕에 따라 이리저리 휘둘리는 것이 아니라 능동적으로 참여하고 힘을 발휘하는 시대가 와야 합니다.

지금까지도 아라파트는 사람들에게 자신의 입장을 공개적으로 밝히지 않고 있습니다. 저는 그가 설명해야 한다고 생각합니다. 자신의 입장을 밝혀야 합니다. "제 실수 때문에 걸프전에서 우리의 판단착오 때문에 어쩔 수 없이 이렇게 되었습니다. 여러분에게 묻습니다. 이 안을 받아들이겠습니까? 여러분이 받아들이면 서명하겠습니다. 받아들이지 않으면 저는 물러나겠습니다"라고 말이죠. 그런데 그는 이렇게 하지 않았습니다. 압델 나세르는 1967년 6월에 그렇게 했습니다. 하지만 아라파트는 자기가 과거에 그토록 많은 대안들이 있었는데 왜 거부했는지 사람들에게 설명하지 않았습니다. 그 가운데는 제가 관여한 것도 있습니다. 그는 1970년대와 80년대에 미국과 이스라엘로부터 더 좋은 거래를 이끌어낼 수 있었습니다. 하지만 아라파트는 제 제안을 모두 거부했습니다. 그런 그가 왜 이번 거래는 받아들였을까요? 사람들에게 밝혀야 할 사항인데 그는 아직 아무 말도 없습니다.

카터 재임 시절 캠프데이비드 협정*을 이끌었던 주역인 솔 리노위츠가 최근 맥닐 레러 뉴스아워(PBS 뉴스 프로그램)에 출연해서 이렇게 말했습니다. "무척 행복하지만 참으로 슬픕니다. 팔레스타인인들은 1979년 캠프데이비드에서 이 모든 것과 그 이상을 얻을 수 있었으니까요." 이 가운데 어디까지가 역사의 놀음이라고 생각하십니까?
저는 캠프데이비드에 대해서는 모르지만, 아마 그의 말이 옳을 겁니다. 이 자리에서 처음으로 밝히는 사실인데 1978년 가을, 당시 카터 정부에서 일하고 있던 제 친구 호딩 카터를 통해 국무장관 사이러스 밴스를 뉴욕에서 한 차례 이상 만나 팔레스타인 문제를 논의했습니다. 그는 저보다는 아라파트와 이야기하고 싶다고 했습니다. 그래서 자리를 마련하겠다고 제안하니, 그는 그게 아니라 규칙이 있다면서 제 전임자 - 그는 키신저를 꼭 그렇게 "제 전임자"라고 불렀습니다 - 가 PLO와 말하는 것을 금지시켰다고 말하더군요. 그러면서 아라파트 의장에게 가서 자신들의 기본 입장을 전해줬으면 좋겠다고 했습니다. PLO가 유엔 결의안 242호를 조건부로 받아들이면, 팔레스타인인들의 민족자결권이 그들의 목표임을 미국이 인정하겠다는 겁니다. 결의안에는 팔레스타인인들에 대한 언급이 없으니까요. 이어 미국은 PLO를 인정하고 아라파트를 만나 직접 협상을 시작하고, 이스라엘과는 추후에 협상을 진행하겠다고 했습니다.
저는 좋은 생각이라고 판단했습니다. 그래서 유엔 일 때문에 뉴욕에 와 있는 샤피크 알 후트에게 전갈을 보내 아라파트에게 전하게 했습니다. 몇 주를 기다렸는데 답이 없었습니다. 이어 이듬해인 1979년 초, 밴스가 캠프데이비드 합의에 서명하기 직전에 저에게 연락해서 아라파트 의장의 대답이 무엇인지 알고 싶다고 했습니다. 아직 답을 받지 못했다고 하니, 그가 텍스트를 다시 보낼 테니 모든 기준에 맞는지 확인해달라고 했습니다. 그래서 1979년 3월에 저는 아라파트를 만나러 베이루트로 날아갔습니다. 그에게 대답이 필요하다고 말했습니다. 처음에 그는 메시지를 받은 적이 없다고 했습니다. 최소한 10분 동안 어떤 메시지도 받지 못했다고 부인했습니다. 다행히도 샤피크가 같은 방에 있어서 그에게 메시지를 전달했다고 말했습니다. 아라파트는 기억이 없다고 잡아뗐고, 샤피크가 옆방으로 가서 복사본을 가져왔습니다. 아라파트는 서류를 보더니 알겠다며 내일 대답을 해주겠다고 했습니다. 다음날 그가 군사지도자 아부 지하드, PLO 부의장 아부 이야드, 참모장 등등 15명의 부관을 데리고 왔습니다. 그는 자리에 앉아 이렇게 말했습니다. "에드워드, 밴스에게 가서 우리가 관심이 없다고 말해주겠어요?" 제가 이유를 묻자 그는 이렇게 대답했습니다. "우리는 미국인을 원하지 않습니다. 미국인은 우리를 배신했습니다. 이것은 추잡한 거래입니다. 우리는 팔레스타인을 원합니다. 팔레스타인의 일부에는 관심이 없습니다. 우리는 이스라엘과 협상하지 않습니다. 우리는 싸울 겁니다." 그게 1979년의 일이었습니다. 1980년대에도 그런 제안이 계속 있었습니다. 당시 아라파트의 입지는 갈수록 약해졌고 지휘할 군대도 없었습니다. 아무튼 1970년대에 우리에게 이스라엘에 맞설 군사적 선택이 없었던 것은 확실합니다. 군사적으로 절대적 열세였는데도 그는 거절했습니다. 이것은 역사적으로 기록된 사실입니다. 사람들이 이런 사실을 알아야 합니다. 우리는 지금 팔레스타인 지도부에 물어야 합니다.

캠프데이비드 협정: 1978년 9월 5일부터 17일까지 지미 카터 미국 대통령의 중재로 메릴랜드 주 캠프데이비드 대통령 산장에서 사다트 이집트 대통령과 베긴 이스라엘 총리 사이에 맺어진 평화협정. 이후 1979년 3월 말에 양국 사이의 평화조약이 조인됐다. 이 과정에서 팔레스타인 자치권에 관한 교섭도 이루어졌으나 이스라엘의 반대와 탄압으로 성과를 얻지는 못했다.

그들은 대답을 피하면서 리더십으로 그냥 밀어붙이려고 하는데, 우리가 어디로 가는지 알려면 그의 입장에 대해 질문해야 합니다. 저는 우리가 커누트 왕*처럼 총명하고 어진 정복자가 되어야 하고, 협정을 철회해야 한다고 말하는 것이 아닙니다. 하지만 협정에 무슨 내용이 들어 있는지, 어떻게 진행되었고 앞으로 어떻게 될지가 분명하게 공개되어야 합니다.

이제 언론매체로 화제를 돌려 이런 문제에 대한 보도를 이야기해봅시다. 미국에서는 거의 만장일치로 협정을 낙관적으로 보고 있습니다. 유럽의 언론들은 어떤가요? 차이가 있습니까?
저는 유럽의 언론들과 여러 차례 인터뷰하면서 저의 입장을 밝혔습니다. 그들의 반응은 무척 흥미로웠습니다. 사람들이 이런저런 질문을 하면서 심층적인 의미에 관심을 보입니다. 그런데 안타깝게도 미국의 반응은 소수의 매체와 몇몇 기자들을 제외하면 하나같이 똑같습니다. 몇 달 전만 하더라도 아라파트는 세상에서 가장 욕을 많이 먹는 사람이었습니다. 그는 테러리스트로 간주되었죠. 그가 나쁘게 나오지 않는 인터뷰는 하나도 없었습니다. 질문은 항상 똑같았습니다. 당신은 왜 테러리스트인가요? 그는 머릿속이 온통 죄 없는 유대인 아이들과 여자들을 살해할 계획으로 채워진 인물로 여겨졌죠. 그런데 단 몇 시간 만에 상황이 바뀌었습니다. 그는 사랑스러운 인물이 되었습니다. 미국인들은 그를 사랑하게 되었고, 그야말로 정치가라고 말했습니다. 그가 미국 의회에 갔을 때 상원의원 밥 돌과 조지 미첼 등이 그의 사인을 받으려고 줄을 섰다는데, 이런 후안무치의 전향적 태도는 언론의 자유를 무색하게 합니다.
언론은 주로 미국 정부의 권력과 정책을 그럴듯하게 포장합니다. 물론 이 과정에서 미국이 예상하지 못했던 일도 일어났지만, 대체로 그들이 원하는 방향으로 일이 진행되었습니다. 애런 데이비드 밀러, 데니스

로스, 대니얼 커처, 에드워드 드제레지안, 워런 크리스토퍼 같은 미국의
중동 전문가들이 실제로 중동의 정세를 공작한 것은 아니었지만,
결과적으로 그들에게 나쁘지 않은 일이 일어났습니다. 이번 협정은
미국의 대리인인 이스라엘에게 엄청난 지역 권력을 안겨주었습니다.
이스라엘은 지역의 초강대국이 되었습니다. 마지막으로, 크리스토퍼와
베이커 모두 말했듯이, 이것은 아랍 급진주의와 아랍 민족주의의
패배입니다. 이번 협정으로 미국은 다시 주도권을 쥐고 초강대국의
위상을 되찾아 페르시아 만의 시장과 자원을 손에 넣기 위한 교두보를
확보하려 할 겁니다. 팔레스타인은 이를 위한 중요한 입구입니다.
언론은 제 역할을 하지 않았습니다. 제가 보기에는 입장을 선택하거나
대변인을 고를 때 멍청한 거수기 노릇밖에 하지 않았습니다. 게다가
창피하고 비참한 일인데, 팔레스타인인들도 대변인을 통해 똑같이
여기에 맞장구를 칩니다. 몇 주 전까지도 파농을 지지했던 사람이
갑자기 싹 바뀌어 싱가포르와 자유시장과 개발을 찬양합니다. 그들은
팔레스타인 사람들의 대다수를 차지하는 땅 없는 농부와 나라 잃은
난민, 혹독한 노동에 시달리는 저임금 노동자를 위해 아무것도 하지
않습니다. 그런데도 전통적인 가문과 전통적인 지도부의 헤게모니는
계속 유지합니다.
언론매체의 힘은 참으로 강력한 것 같습니다. CNN은 놀라운 취재
범위를 자랑하지만 정보 제공이라는 관점에서 보자면 그렇지 않습니다.
미국과 서유럽의 몇몇 동맹이 좌우하는 이데올로기 체제를 강화할
뿐이니까요.

<u>당신이 해변에 놀러와 있는 평범한 사람이라고 해봅시다. 정보와 비정보가
뒤섞인 파도가 당신을 집어삼키려고 합니다. 어떻게 해야 물에 젖지</u>

커누트 왕: 11세기 무렵 잉글랜드와 덴마크, 노르웨이, 스웨덴을 통치했던 데인족의
지도자.

않을까요? 어떻게 해야 언론의 기만이라는 그물망에 걸려들지 않을까요?
거의 매일 이슈가 쏟아지는 언론의 공습에 맞서 우리 모두 행할 수 있는, 그리고 행해야 하는 두 가지 능력이 있습니다. 하나는 기억입니다. 우리는 그들이 전날에 무슨 말을 했는지 기억해야 합니다. 가끔 완전히 반대되는 말을 하기도 하니까요. 두 번째 능력은 의심입니다. 의심은 경험에서 나옵니다. 여러분은 미국 텔레비전에서 아라파트가 테러리스트라고 욕을 먹다가 그저 몇 마디 했다는 이유로 갑자기 좋은 사람처럼 비춰지는 것을 기억합니다. 뭔가 이상합니다. 이런 일은 그렇게 급작스럽게 일어날 수 없으니까요. 그리고 의심은 여러분의 지성과 비판 능력의 일부입니다. 뉴스를 볼 때면 의심의 능력을 발휘해야 합니다. 텔레비전 뉴스 시간에 '공식적으로' 보도된 것 말고 무엇이 더 있을까 질문해야 합니다.
누구든지 할 수 있습니다. 정보는 다른 곳에서도 얼마든지 접할 수 있습니다. 책도 있고 도서관도 있습니다. 여러분은 이런 능력을 적극 행사해야 합니다. 이데올로기에 의해 걸러지고 잘 포장된 정보를 그냥 받아들이기만 하는 식물인간이 되어서는 안됩니다. 텔레비전에 보도되는 메시지는 깨끗하게 포장된 이데올로기에 지나지 않습니다.

이미지도 우리의 눈을 멀게 하는 힘이 있습니다.
다른 지식인들이 이미지에 완전히 종속되는 모습은 무엇보다 실망스럽습니다. 저는 권력을 가까이 두는 것에 아무런 관심이 없습니다. 권력은 항상 지적 정직과 양심과 기억에 의해 바로잡혀야 합니다. 어찌된 일인지 1967년 전쟁으로 팔레스타인 운동이 일어나면서 우리는 그 운동에서 비판적인 사람으로 유명해졌습니다. 우리는 우리의 문학에서, 연설에서, 글에서 '이스라엘'이라는 단어를 사용한 최초의 아랍인이었습니다. 모두가 '시온주의자 조직'Zionist Entity이라고 할 때 우리는 이스라엘이라고 불렀습니다. 누구보다 먼저 현실을 받아들였습니다. 우리는 1967년에 실패한 아랍 체제를 비판했습니다.
학술적이고 정치적 분석이기도 한 팔레스타인 문학은 각주를 사용한
최초의 문학이었습니다. 우리는 우리가 한 말에 책임을 져야 하고,
조직적이고 체계적이고 지적으로 정직하게 나아가고 있다고 말했습니다.
이 모두가 이제 사라졌습니다. 팔레스타인 공식 문학은 리더십을
찬양하기에 바쁩니다. 우리는 사실상 다른 아랍 국가들과 마찬가지가
되었습니다. 아라파트의 비극은 그가 자신을 한 민족을 이끄는
지도자로 보지 않는다는 점입니다. 그는 여전히 수수한 생활양식을
즐깁니다. 대형차와 호화로운 주택을 좋아하지 않습니다. 무척 검소하게
살아갑니다. 하지만 자신이 여러 왕들과 대통령들과 허물없이 어울리는
지도자라고 여깁니다. 저는 관점의 상실, 특히 지식인들이 보여준
무기력함이 가장 우려됩니다. 권력의 유혹, 권위의 즐거움, 대화의
부재에 대해 지식인이라면 마땅히 이의를 제기해야 합니다.

<u>당신이 무척 존경하는 그람시는 지성으로는 비관적이지만 의지로
낙관한다고 말했습니다. 그것이 당신의 개인적 투쟁에도 영향을 미쳤겠죠?</u>
그렇습니다. 두 가지는 인과적으로 연결되어야 합니다. 저는 지성의
비관을 먼저 말하고, 이어 지성의 비관을 바탕으로 의지의 낙관을
말합니다. 그러니까 상황이 나쁘지만 난 상관 안 해, 그냥 앞으로 나아갈
거야, 이렇게 말해서는 안 됩니다. 나쁜 상황을 지성을 통해 분석한
다음 그 분석을 바탕으로 어떻게 나아갈지 생각해야 합니다. 낙관적인
믿음과 변화의 능력과 욕망으로 말입니다. 하지만 이 협상에서는 그렇지
않았습니다. 마술처럼 뚝딱하고 돌파구가 생길 것으로 낙관했는데,
결과는 재난에 가까운 협상이 되었습니다. 그들은 동등함을, 돌파구를,
변화를 말합니다. 저는 무책임하다고 봅니다. 이것은 의지의 낙관이
아닙니다. 그냥 마술적인 희망이죠. 그람시는 항상 자신의 작업이
현실적인 작업을 나타내며 자신이 문명사회의 정복이라고 불렀던 것의

일부라고 신중하게 말했습니다. 우리는 아직 현실적인 작업을 시작하지
않았습니다. 갈 길이 멉니다. 하지만 언젠가 이루리라 생각합니다.
팔레스타인인들이 이 협의의 현실을 받아들이고 지금도 계속되고 있는
이스라엘의 가혹한 점령에 맞서 싸우기 시작한다면, 그들도 앞으로
나아가는 유일한 방법은 계속적인 저항임을 이해하게 될 것입니다.

당신은 이런 말을 했습니다. "저에게는 제가 지금 몸담고 있는 공동체
의식과 진보 운동에 대한 믿음이 무척이나 중요했습니다." 당신은 지금
어느 방향으로 가고 있다고 보십니까?
저는 25년 만에 처음으로 제 자신이 받아들여지고 싶다는 욕망, 가시적인
목적을 바라는 욕망을 버렸다고 느낍니다. 대부분의 사람들이 이런
욕망을 갖고 있는데 저도 이해합니다. 저보다 훨씬 행복하겠죠. 하지만
저는 이제 이런 사람들과는 다른 길을 가고 있습니다. 따라서 외로운
목소리입니다. 중요한 것은 가급적이면 긍정적으로 제 견해를 표현하려
하고, 모든 게 엉망이야, 재앙이야, 그러지 말았어야 했는데, 하고 말하지
않는 것입니다. 저는 한 번도 그렇게 말하지 않았습니다. 대신 지금
상황이 이러하니까 이를 개선시키려면 이렇게 해야겠어, 라고 말합니다.
혼자서는 하기 어렵습니다. 하지만 들뜬 분위기가 걷히고 사람들이
생각할 기회를 가지면서 스스로에게 의존해야 한다는 것을 깨닫기
시작한 사람들이 점점 더 많이 보입니다. 지도자가 그들에게 해결할 수
없는 것을 약속하면 이렇게 물어야 합니다. 당신 왜 이렇게 했어?

T.S.엘리엇의 말대로 "정원에 거주하는 다른 메아리들"을 찾고 있군요.
신비주의적인 말이네요. 하지만 저는 우리가 현실을 인식하고 현재
상황이 얼마나 어려운지 깨닫는 것이 정말 필요하다고 생각합니다.
주위에서 같이할 사람들을 찾을 수 없다면 왠지 소외되고 외롭다고
느끼겠지만, 그럼에도 여러분은 지식인으로서 계속 밀어붙여야 합니다.

5

팔레스타인: 용사의 배신

1994년 2월 17일

주어진 역할을 그냥 받아들이기만 해서는 안 되고,
계속해서 공식에 도전하고 구조와 맥락에
도전하고 넓혀서 그 뒤에 숨어 있는
더 큰 이슈를 드러내야 합니다.

지난 9월에 우리가 마지막으로 대화를 나눈 이후로 당신은 전 세계 여러 매체를 통해 계속해서 팔레스타인 문제에 개입했습니다. 당신의 PLO 비판은 꾸준히 강도를 높이다가 아라파트의 사임을 요구하는 데서 절정에 달했는데요. 팔레스타인 민족의 대의를 위해 그토록 오래 일한 아라파트가 물러나야 하는 이유는 무엇인가요?

여러 이유가 있습니다. 그라는 사람이 문제가 아니라 그가 대표하는 생활양식과 리더십 때문입니다. 아라파트는 완벽하게 멋진 사람입니다. 저와는 오랫동안 좋은 친구였습니다. 저는 그의 리더십을 존경합니다. 하지만 이제 그가 할 수 있는 역할에 한계가 왔다고 생각합니다. 일단 1990년 8월부터 현재까지를 보면 팔레스타인인들의 상황은 계속 악화되고 있습니다. 그가 그런 쇠퇴의 책임자인데 어떻게 된 사정인지 한번도 제대로 설명하지 않았으니 우리 모두 이제 그만하면 되었다고 말할 때가 된 것 같습니다. 그가 걸프전 때 취한 태도로 인해 수십 만 명의 팔레스타인인들의 행복과 삶이 희생되었습니다. 그는 이듬해인 1991년 마드리드에서 열린 이스라엘과의 협상에 제대로 준비도 안 된 상태로 임했습니다. 그는 서안과 가자에 거주하는 백성들이 이스라엘과 보다 나은 조건으로 협상할 수 있었음에도 뒤로 은밀하게 이스라엘과 비밀 거래를 해서 협의를 망쳤습니다. 팔레스타인 시민사회의 틀에서 볼 때 오슬로에서 이스라엘과 비밀 협의를 가진 것은 용납할 수 없는 행동이었습니다. 이로 인해 서안과 가자에 살지 않는 300만이 넘는 팔레스타인인들의 운명이 결정되었습니다. 그들은 협상에서 배제되었습니다. 그는 이스라엘이 PLO의 대표성을 아주 미약하게나마 인정한다는 조건으로 이스라엘 점령에 모든 것을 다 내주었습니다. 그가 가자 지구와 예리코에서 얻은 것은 팔레스타인의 자유를 위해 삶을 바쳤던 수백 만 팔레스타인인들의 희생에 비하면 웃어넘길 만큼 하찮은 것입니다. 이것이 오슬로 협정을 실패라고 말하는 가장 큰 이유입니다. 하지만 그것 말고도 기술적인 면을 볼 때 그의 옆에는 협상을 도울 법률

보좌관이 전혀 없었습니다. 그는 영어를 모릅니다. 그런데도 영어로
이스라엘인들과 협상을 진행했죠. 거래를 너무도 서둘러 매듭지어 군대,
정착촌, 영토, 주권, 예루살렘 등 모든 문제의 주도권을 이스라엘 손에
넘겨주었습니다.
이후로도 그는 계속해서 지배권을 놓지 않았고, 제가 볼 때 임명권을
이용하고 돈으로 매수하고 사람들을 싸움 붙이는 식으로 전체를 계속
타락시켜 상황을 악화시키고 있습니다. 이 모두가 갈수록 나빠지고
있는 팔레스타인인들의 삶의 질을 개선시키기 위함이 아니라 자신의
권력을 유지하기 위해서였습니다. 그는 이제 자신이 중심이 되는 경제
체제 건설을 위해 팔레스타인인들을 끌어들이는 데 총력을 기울이고
있습니다. 그래야 자신이 모든 원조를 지배할 테니까요. 그는 이스라엘
신문과의 인터뷰에서 5,000만 달러만 있으면 문제를 다 해결할 수 있고
그러면 반대 세력이 잠잠해진다고 공개적으로 말했습니다. 돈으로
매수한다는 얘기입니다. 최근에는 서안 지구에 텔레비전 방송국을
세우기로 계획했습니다. 지역 유지를 내세워 방송국을 지배합니다.
우리는 아직 민주주의를 할 준비가 되지 않았다면서 말입니다. 사실상
그는 라디오 바그다드* 같은 방송국을 만들려고 합니다.
그는 자신에게 생계를 완전히 의존하지 않는 사람, 유능하고 원칙 있는
사람은 따돌립니다. 마흐무드 다르위시와 샤피크 알 후트가 대표적인
예입니다. 이스라엘과의 협상에서 문제는 속임수만이 아니었습니다.
낯 뜨거울 정도로 체계가 없습니다. 그가 이끄는 PLO는 점령의 현실에
대해 어떤 사실도 밝혀내지 못했습니다. 아라파트와 나빌 샤스 같은
협상의 당사자 누구도 자기 눈으로 직접 상황을 보지 않았습니다.
따라서 정착촌과 점령에 대해 말은 하고 있지만 자기들도 무슨 말을
하는지 모릅니다.
공동체가 산산조각으로 해체되어 어떤 제도도 성하게 남아 있지 않은
것이 현실입니다. 투쟁 세력이 없습니다. 사회적 제도도, 건강 제도도,

교육 제도도 없습니다. 가자, 베이루트, 다마스쿠스, 암만 같은 곳에 가보면 수많은 궁핍한 팔레스타인인들이 아무런 보살핌도 받지 못한 채 방치되어 있습니다. 아라파트의 목적은 오로지 돈입니다. 현재 PLO로 들어오는 자금의 출처와 사용처에 대해 알고 있는 사람은 아라파트 한 명 뿐입니다. 수표에는 오직 그만이 서명할 수 있습니다. 어쩌면 그의 부인도 뭔가를 알겠죠. 하지만 아부 마젠*과 야세르 아베드 랍보 같은 몇몇 최측근들은 더 이상 그와 같이 회의에 참석하지 않습니다. 최근에 들은 얘기인데, 9월 13일 워싱턴에서 페레스와 함께 협정문에 서명했던 아부 마젠은 예리코로 돌아가지 않고 모로코에 정치적 망명을 신청했다고 합니다.

표면적인 사실만 얘기했지만 이 모든 것을 볼 때 그가 PLO를 계속 이끌어서는 안됩니다.

<u>오랫동안 당신은 팔레스타인 운동의 대의명분에 적극 공감하며 미국에서 주요 대변인으로 일했습니다.</u>
저는 누구도 대표하지 않았습니다. 제 스스로 자발적으로 한 일입니다.

<u>아무튼 당신은 특히 미국의 언론에서 가장 눈에 띄는 인물입니다. 그런데 당신이 언론에서 말한 것 때문에 삶이 몹시 불편했을 것 같은데요.</u>
아주 괴롭습니다. 미국과 대부분의 서양의 공공 매체에서 팔레스타인인들의 권리에 대해 말하기가 몹시 어렵습니다. 대중의 인식이 이스라엘은 물론 어느 정도 클린턴 정부에 의해서도 교묘하게 조작되어 이제 갈등이 다 해결된 것으로 보기 때문입니다.

라디오 바그다드: 이라크 국영 방송으로, 사담 후세인은 이 방송을 통해 서방 세계와의 항전을 홍보했다.
아부 마젠 Abu Mazen(1935~): 아라파트에 이은 PLO 2인자 마흐무드 압바스.

팔레스타인인들은 '국가'를 갖게 될 것이다, 팔레스타인과 이스라엘이 오랫동안 힘겨루기를 했던 이슈들이 만족스럽게 잘 처리되었다, 이렇게 말입니다. 당신이 말했듯이 결국 팔레스타인 운동의 지도자는 문서에 서명했고 대단한 일이라고 말했으니까요. 오늘자 『뉴욕타임스』를 보니 미국인들이 자신의 기대만큼 도움이 되지 못해서 다소 실망스럽다고 했더군요. 예전에 그는 백악관에 친구가 있다고 여러 차례 공개적으로 말한 바가 있습니다. 미국의 정책과 현실에 대해 조금이라도 알고 있는 사람이라면 이런 어리석은 말은 하지 말라고 그에게 충고했을 겁니다. 하지만 팔레스타인 지도부들은 그냥 게으르고 무지해서 이런 사정을 전혀 모릅니다. 의견을 발표하고 글을 써달라는 부탁을 받을 때면 저는 이스라엘의 점령뿐만 아니라 이제 PLO 지도부에 대해서도 비판적인 입장이므로 어려움이 많습니다. 아울러 이 나라에서 팔레스타인인들의 활동이 아주 드물다는 것도 문제입니다. 자신의 의견을 용기 있게 발표하거나 그렇게 해달라고 부탁 받는 팔레스타인인들이 거의 없습니다. 불행한 일이죠.
그래서 저에게 가장 우선적인 사안은 이 나라와 서양에서 글을 쓰는 것이 아니라 아랍어로 글을 쓰는 것입니다. 저는 아랍 세계에서 널리 읽히는 칼럼을 한 달에 두 번 씁니다.

<u>거기서는 당신의 생각에 대해 토의가 활발하게 벌어집니까?</u>
엄청나게 많은 답장이 왔습니다.
저보고 중동에 와서 요르단이나 베이루트 같은 팔레스타인인들이 많이 거주하는 곳에서 좀 더 직접적인 정치적 역할을 맡아달라고 하는 사람들이 많습니다. 하지만 저는 거절했습니다. 건강 문제 때문에 그 일을 하기에 적합하지 않습니다. 그래도 토론이 계속 이어지도록 최선을 다하고 있습니다. 하지만 많은 지식인들은 그냥 멍하니 팔짱만 끼고 상황이 어느 방향으로 갈지 지켜보고 있습니다. 가슴 아픈 일입니다.

저는 이것이 PLO 지도부의 책임이라고 봅니다. 지금 엄청난 돈 얘기가 나돌고 있습니다. 유럽공동체와 세계은행이 팔레스타인에 수백만 달러의 지원을 약속했습니다. 또 중산층 지식인들은 자신과 가족의 삶의 질 향상을 위해 엄청난 금액을 투자하고 있습니다. 하지만 현재 정책에 문제를 제기하고 상황을 바꿔 변화를 이끌어내려는 팔레스타인 지식인들의 일치된 노력은 거의 없다고 할 수 있습니다.

또 다른 문제가 있습니다. 한 달인가 전에 제가 칼럼에서 다루기도 했는데, 팔레스타인 지식인들이 이스라엘에 정신적으로 속박되는 경향이 아주 심해져서 이제 독립적으로 생각할 줄 아는 팔레스타인인이 거의 없습니다. 그래서 우리가 발전하려면 이스라엘과 손잡는 방법밖에 없다는 생각이 널리 퍼져 있습니다. 점령은 갈수록 악화되고 있습니다. 이스라엘 병사들이 팔레스타인인들을 죽이고, 팔레스타인 주택을 파괴하고, 땅을 몰수하고, 특히 가자 지구에 살고 있는 팔레스타인인들의 삶을 지옥으로 만들고 있습니다. 이스라엘과 공식적으로 대화를 나누고 있는 많은 지식인들은 이번 협정으로 어쨌든 우리의 삶이 향상되리라고 기대합니다. 물론 그렇지 않습니다. 이번 일로 굴복의 조처가 취해지면 저항의 의지는 사라지고 말 겁니다. 제가 가장 우려하는 점입니다.

<u>당신이 방금 언급한 지식인들의 식민주의 근성은 『문화와 제국주의』의 중요한 주제이기도 합니다.</u>

점령국의 관습이 몸에 배게 되면 당신은 그들의 지도, 그들의 격려 없이는 어떤 것도 할 수 없고, 정당성은 당신의 사회, 당신의 가치가 아니라 그들의 사회와 가치에서 나옵니다. 영향력이 너무도 치명적이고 깊어서 과연 이것을 멈추거나 바꿀 수 있을지 의심이 듭니다. 저는 이런 문제가 팔레스타인 민족에만 해당되는 것이 아니라 아랍 세계 전체에 퍼져 있다고 생각합니다. 미국이 승자이므로 미국에 대해서는 어쩔 수 없다는 정서가 있습니다. 그 무엇도 이런 생각에 제동을 걸지 못합니다.

다른 생각은 할 수 없습니다. 양극적 세상은 더 이상 없습니다. 하나가 세상을 다 지배합니다. 미국만이 규칙을 세웁니다. 이들은 '평화 협상 과정'이라는 말을 만들어냈는데 이는 언어도단입니다. 수십 년 동안 반제국주의 저항과 아랍 민족주의 편에 섰던 좌파 지식인 공동체의 많은 이들이 이제 방향을 바꿔 새로운 언어를 말하는 사회 과학자가 되었습니다. 참으로 놀라운 일입니다.

여기서 『문화와 제국주의』로 돌아가자면, 해방 운동으로 시작되었던 PLO는 독립이 이뤄지기도 전에, 식민주의 점령이 끝나기도 전에 점령군의 협력자로 돌아선 20세기의 유일한 해방 운동이 되었습니다. 이렇게 전향한 다른 예를 저는 알지 못합니다. 어떤 의미에서 우리는 패턴을 깨뜨렸습니다. 역사적으로 유례없는 예를 만들어 낸 것입니다.

<u>두 곳에서 나온 상반된 발언 때문에 다소 혼란스럽습니다. 시몬 페레스가 2주 전 보스턴에서 말하기를 아라파트가 자기한테 이런 말을 했었다고 합니다. "PLO는 독자적인 팔레스타인 국가가 아니라 요르단과 연방국을 이루기로 결정했습니다." 그리고 며칠 전에 이스라엘의 여당인 노동당의 사무총장은 팔레스타인이 이번 십 년이 끝날 때쯤 독립 국가를 이루게 될 것이라고 말했습니다.</u>

두 가지 점을 말씀드릴 수 있습니다. 우선 아라파트를 포함한 PLO 지도자들이 발표하는 성명서는 순간적으로 내뱉은 말일 뿐입니다. 찬찬히 준비하거나 전략적으로 분석하거나 논리적으로 고려한 결과가 아니라는 뜻입니다. 따라서 제가 볼 때는 완전히 무책임하거나 별로 중요하지 않은 말입니다. 유엔 결의안에 요르단과의 연방국에 대해 말하고 있는 조항이 있는 것은 사실입니다. 그러나 작년 여름부터 현재에 이르기까지 PLO는 요르단인들의 무리한 요청으로 한두 가지 일을 협력한 것을 제외하면 어떤 협력도 피하고 있고, 오히려 요르단과 시리아를 무시하는 듯이 행동했습니다. 상당히 어리석은 일입니다.

아사드, 아라파트, 후세인* 사이에는 명백한 차이가 있습니다. 조직 구성원과 지지자들이 다릅니다. 장기적인 관심사도 다르고 많은 면에서 서로 반대됩니다. 아라파트가 진정으로 이들 나라에 거주하는 수많은 팔레스타인인들을 생각한다면, 파리와 런던의 연회에 웃는 얼굴로 참석하는 일은 있을 수 없는 일이지요.

저는 아라파트가 요르단과의 연방국 운운한 발언은 그저 유엔 안보리에 나와 있는 조항에 부응하기 위한 입에 발린 말이라고 생각합니다. 요르단인들이 이렇게 말하며 그의 입장을 곤란하게 만들었거든요. "우리와 교섭할 생각은 말아라. 결국 우리는 당신의 가장 가까운 동쪽 이웃이다. 우리나라에는 엄청나게 많은 팔레스타인인들이 살고 있다. 알렌비 다리(요르단과 팔레스타인의 국경)는 당신들에게 가장 중요한 곳이다. 자치 비슷한 것이 실행되면 예리코와 아주 가깝다. 따라서 당신은 이런 식으로 나설 수 없다." 이것이 하나의 요소입니다. 다른 요소는 이스라엘의 입장입니다. 이들은 여러 목소리들을 동시에 내는데, 정말 혼란스러워서 그러는 것도 있고, 바깥세상을 계속 어정쩡한 유예 상태로 유지하기 위한 이유도 있습니다. 예컨대 요시 베일린*이 말한 것은 라빈의 말과 아주 다릅니다. 페레스의 말은 또 다릅니다. 의도적인 정책에 따라 혼란스러운 신호를 내보내는 것입니다. 그래서 저는 그것을 감안해서 이해해야 한다고 생각합니다. 의도가 있는 정책입니다. 지난 몇 달 동안 전례 없이 많은 팔레스타인 땅이 몰수된 것이 현실입니다. 12월에만 9,000더넘이 몰수되었습니다.

더넘이라는 단위는 어떻게 됩니까?
4더넘이 1에이커(1에이커는 약 4,047제곱미터, 1더넘은 약

후세인 1세(1935~1999): '줄타기 외교의 명수', '천의 얼굴을 가진 사나이'라는 별명을 가진 요르단의 국왕.
요시 베일린 Yossi Beilin(1948~): 노동당 소속 정치인으로 외무차관이자 페레스 측근.

1,012제곱미터)입니다. 정착촌은 지금도 계속 확장되고 있습니다. 그러므로 서안과 가자 지구에 팔레스타인 국가를 세우기 위해서는 이스라엘의 통제를 받거나 부분적으로 합병될 수밖에 없습니다.
저는 그렇게 봅니다. 십 년 안에 팔레스타인 국가가 생길 것이라고 말하는 사람들이 많습니다. 하지만 저는 그게 어떤 모습의 국가인지 묻고 싶습니다. 물론 저는 팔레스타인인들이 궁극적으로 자결권을 획득하리라는 것을 의심하지 않습니다. 어렵고 고통스러운 길입니다. 앞으로 곧장 나아가는 것이 아니라 이리저리 돌아가야 하고 굴곡이 많으며 때로는 뒤로 가야 할 때도 있겠죠. 하지만 지금 문제가 되는 것은 이렇게 허울뿐인 자치의 상황에서 우리가 세우고자 하는 정책입니다. 대체적인 분위기는 요르단과 이스라엘 사이에서 샌드위치가 되리라는 것입니다. 기껏해야 걸프 지역을 포함한 이 넓은 미개발 시장으로 들어가려는 이스라엘 사업가들에게 통로를 열어줄 것입니다. 실제로 이집트의 제조업, 은행업, 기타 민간 부문의 종사자들은 이번 오슬로 협정에 대해 무척 걱정스러워합니다. 이스라엘 경제가 침투해 오면 자신들이 공들여 쌓은 기반이 아주 위태로워질 테니까요. 레바논도 마찬가지입니다. 중동 전역이 부글부글 끓고 있습니다. 팔레스타인 국가의 문제는 이런 맥락에서 빙산의 일각일 뿐입니다.
전체적인 상황은 훨씬 복잡합니다.

이집트 타바에서 협상단을 이끌고 있는 나빌 샤스의 말이 오늘 보도되었습니다. 이스라엘인들은 팔레스타인인들이 완연한 독립 국가로 나아가는 전환점을 요구하고 있다고 두려워하는데, 이를 극복해야 한다고 말했습니다. "국제전화, 우표, 팔레스타인 파운드, 모두가 이슈입니다. 국가마다 이런 표준이 제각각이어야 하는 것은 아니지만, 이스라엘을 설득할 필요가 있습니다."
샤스는 제 오랜 친구로 대단히 충실한 아라파트의 대변인입니다.

저는 그의 입장 변화를 이해하기가 어렵습니다. 그는 9월 이후 지난 6, 7개월 동안 계속 이런 문제를 고집해왔습니다. 하지만 상징에는 다른 의미가 있습니다. 팔레스타인 통화를 만들자는 발상을 예로 들어보죠. 이스라엘 입장은 '예스'입니다. 아라파트의 사진이 들어간 지폐도 좋다고 합니다. 하지만 이것은 스코틀랜드 은행의 지폐처럼 되기 쉽습니다. 전적으로 무가치하며 이스라엘 화폐 체계의 일부가 될 겁니다. 따라서 이스라엘은 샤스가 말한 모든 것을, 그가 주권의 상징으로 언급한 것을 주권을 양도하지 않으면서 완벽하게 승인할 수 있습니다. 제가 두려워하는 것이 바로 이 점입니다. 우리는 협상다운 협상 한번 해보지 못했습니다. 이스라엘이 제시한 조건을 항상 받아들입니다. 그러면서 점령의 짐을 덜기 위해 아무것도 하지 않았습니다. 조직적으로 시위한다거나 현재 팔레스타인인들이 갖고 있는 역량을 총동원해서 인티파다의 방법을 더 조직적으로 질서 있게 이어가지 못했습니다. 우리는 여전히 재능 있는 민족입니다. 그런데도 제대로 힘을 발휘하지 못했습니다. 타바, 파리, 워싱턴의 협상 테이블에 앉아 미국과 이집트의 보호 하에 머리를 이리저리 굴리다보면 좋은 거래를 이끌어낼 수 있겠지 하는 생각입니다. 하지만 여기서 말하는 좋은 거래는 독립이 아닙니다. 해방이 아닙니다. 샤스는 주요 목표를 잃어버렸습니다.

『오리엔탈리즘』의 첫머리에 이런 말이 나옵니다. "그들은 스스로를 대변할 수 없다. 다른 누군가에 의해 대변되어야 한다." 이른바 평화 과정이라는 것도 이렇다고 보십니까?
슬프게도 PLO, 특히 야세르 아라파트의 PLO는 대표성만을 갖고 있을 뿐입니다. 팔레스타인 민족을 대표하는 기구이지만, 사람들이 가졌던 호응이나 정통성이나 날카로운 추진력은 더이상 찾아보기 어렵습니다. 오늘날 PLO는 모든 것을 다 잃어버리고 이름만 남았습니다. 그나마 이런 대표성이 있다는 것이 이스라엘이 PLO를 계속 끌고 가려는 이유입니다.

제가 볼 때 PLO의 추측과 이스라엘의 실제 의도는 다릅니다. 지난 몇 년 동안 백여 개의 나라가 팔레스타인을 인정했습니다. 그래서 이스라엘은 이렇게 말합니다. 그것을 우리에게 유리하게 이용하자. 여기 백성들과 완전히 유리된 지도부가 있어. 더 이상 무능할 수 없는 지도부야. 부패했어. 평판도 더 없이 나쁘고. 이런 국제적 위상을 우리에게 유리하게 이용하는 거야. 그들을 협상 테이블에 앉히고 우리가 원하는 것을 얻자. 그런 다음 지켜보자.
우리가 그들에게 가진 가치는 고작 이런 수준입니다. 저는 PLO의 계산의 밑바탕에는 일단 이스라엘의 품에 안기면 그들이 계속 붙들고 있으리라는 확신이 있다고 생각합니다. 그런데 완전히 잘못된 생각입니다. 지난주 카이로에서 서명한 것 같은 여러 세부 거래가 매듭지어지면 더 이상 사용가치가 없어질 겁니다. 그는 아마 예리코로 갈 텐데, 이스라엘의 보호와 지도와 심지어 감시까지 받으며 법과 질서를 회복해야 하는 상황으로 떨어질 것입니다. 이스라엘은 팔레스타인 세관창고가 있는 국경지대를 계속 지배할 것입니다. 협정문을 들여다보면 샤스가 말하는 권위의 상징들이 상당히 그럴싸해 보이지만 실은 무의미한 것입니다. 지배, 권력, 최종 결정권은 여전히 이스라엘의 손에 있으니까요.

며칠 전 『뉴욕타임스』 1면 기사에서 인정한 사실입니다만, 이스라엘이 대담에서 "연로한 파트너"였음을 그들도 분명히 밝혔습니다.
맞습니다. 샤스는 오슬로에서 원칙을 선언할 때부터 "이스라엘과 팔레스타인 사이가 완전히 동등"하다고 계속해서 말했다지만, 그건 그의 머릿속 상상일 뿐입니다.

코끼리와 개미가 동등하다고 말한 격이로군요.
맞습니다.

<u>서안과 가자 지구의 사람들은 뭐라고 말합니까?</u>
다들 상황을 알고 있습니다. 저는 그들과 이야기를 많이 나눕니다. 그곳을 들르기도 했고 그들도 저를 찾아옵니다. 현 상황에 만족하는 고위층 인사들과는 아직 만나서 이야기해보지 않았습니다. 폭넓은 의견을 들어봐야 알겠지만, 저는 사람들이 두려워하는 이유가 이스라엘에게 유리한 거래였다는 것만이 아니라 – 이건 머리가 있으면 누구나 알 수 있는 사실이죠 – PLO가 앞으로 갖게 될 권위가 줄어들면서 감옥이라고는 가본 적도 없고 유럽이나 튀니지 같은 인근에서 호화롭게 살던 사람들이 밀려들어와 지난 28년 동안 해방과 독립을 위해 싸워왔던 사람들을 누르고 주류가 될지도 모른다고 생각하기 때문입니다. 제가 이야기를 나눠본 사람들은 대체로 그렇게 생각하더군요.

<u>중동정의네트워크에서 발간하는 『브레이킹 더 시즈』 Breaking the Siege라는 회보가 있는데요. 최신호에서 점령지에 살고 있는 팔레스타인인들을 가리켜 "부도덕한 사회"라고 하면서 "냉담과 절망이 지역 사회를 휩쓸고 있다"고 했고, 불길하게도 "조각난 시민 사회를 위협하는 무장 폭력이 갈수록 늘고 있다"고 보고했습니다.</u>
새로운 사실이네요. 오늘 『뉴욕타임스』에서 아라파트는 이스라엘이 약탈을 일삼는 서안과 가자 지구 파벌에게 무기를 대주고 있다며 불만을 터뜨렸습니다. 그런데 사실 자국의 백성에게도 무기를 대주고 있습니다. 널리 알려진 사실입니다. 저는 서양 언론이나 이스라엘 언론에 의지하지 않습니다. 현지 사람들이 제게 말해준 바에 따르면, 이제 갱들이 아라파트가 대표로 있는 팔레스타인 최대 정당 파타라는 이름으로 점령지를 돌아다니며 집을 파괴하고 사람들을 벌주고 땅을 몰수하고 약탈한다고 합니다. 조만간 수립될 자치정부에서 한자리를 차지하기 위해서입니다.
물론 이 모두와 관련해서 가장 중요한 질문은 선거가 과연 열리게

될까, 이렇게 갱들이 거리를 지배하는 상황에서 선거가 무슨 의미가 있을까 하는 것입니다. 이슬람 저항운동 정당 하마스는 물론 적극적으로 나서고 있습니다. 이스라엘 점령에 저항하면서 평화협정에도 반대하는 입장이라서 역할이 모호하긴 하지만, 이들 역시 자치정부에서 한자리를 차지하려고 분주합니다. 이들은 중요한 인구 집단을 꽉 잡고 있습니다. 사람들을 거리로 불러낼 수 있습니다. 이것이 두 번째 요인입니다.
세 번째 요인은 PLO 일원이었지만 튀니스의 지도부에 불만을 품고 돌아선 이른바 '파타 매파'라고 하는 자들입니다. 이들은 전 동료들을 상대로 전투를 벌이고 있습니다.
네 번째 요인은 여러 이스라엘 비밀 단체들입니다. 이스라엘 예산안에 이런 비밀 단체를 위한 특정 조항을 신설했다는 것을 이스라엘 언론에서 보았습니다. 공모자를 모집하고 사람들을 변장시켜 혼란과 공포의 상황을 조장하려는 것이지요. 아라파트와 그의 사람들이 예리코로 간다면 그들이 물려받게 되는 것은 지독한 난장판입니다. 이스라엘인들은 여기서 손을 떼서 아주 행복합니다. 그러면서 이렇게 말하겠죠. 혹시라도 우리의 안전을 위협하는 상황이 발생한다면 다시 그곳을 점령하겠다.

<u>우리가 처음 만났을 때로 기억하는데요. 미국 청중에게 팔레스타인 이야기를 할 때면 항상 처음부터 이야기를 시작해야 했다고 제게 말했었죠. 지금도 여전합니까?</u>
네, 그런 것 같습니다. 오슬로 협정 이후로 저는 비참한 문서 한 조각과 가진 것을 다 빼앗기고 상실과 고통에 처한 팔레스타인 민족의 현실이 판이하게 다르므로 어떻게든 이들의 실체를 알려야겠다는 필요성을 느낍니다. 사람들이 알아야 합니다. 그냥 사라지게 해서는 안 됩니다. 몇 주 전 아랍 언론에 기고한 칼럼에서 저는 이렇게 말했습니다. 누가 과거를 책임질 것인가? PLO는 확실히 이제 끝났습니다. 유엔에 나가

있는 PLO 사람들이 이스라엘과 공조하여 과거의 유엔 결의안을 새로
쓰고 있습니다. 이제 유럽과 미국의 PLO 대표단과 지지자들은 과거는
다 잊고 상생하는 방법을 찾아보자는 기치 아래 친이스라엘, 친시온주의
단체와 자발적으로 손잡는 추세입니다. 1만 2,000명에서 1만 3,000명에
이르는 팔레스타인 정치범들이 아직도 이스라엘 감옥에서 고통받고
있고, 수백만 명의 팔레스타인 난민들이 아무런 보상도 지위도 못 받고
있는데 말입니다. 이런 문제는 해결될 기미가 전혀 없습니다. 아무런
지위도 보장받지 못한 채 여러 국가에 흩어져 있는 난민들이 많습니다.
PLO와 난민 문제보다 더 심각한 것은 지난 28년 동안 야만적인
점령으로 고통받고 있는 사람들입니다. 이들에 대한 보상 이야기가
한마디도 없습니다. 이들의 경제 상황은 심각합니다. 집이 날아갔고
땅이 몰수되었습니다. 이 모든 것이 현재 PLO의 지도부에 의해 깨끗하게
지워질 판입니다. 이제 새 역사가 시작될 테니까요. 도저히 용납할 수
없는 결정입니다. 과거에는 PLO도 이런 역사의 일부였고, 그래서 역사를
살아 있게 하고 자치권과 독립을 실현하기 위해 최선을 다했지만,
이제 반대편에 붙어 과거의 말살을 말하고 있습니다. 집단 기억은
팔레스타인인들 사이에서도 빠르게 망각되는 중입니다. 제가 도저히
용납할 수 없는 부분입니다. 저는 대의명분 때문에 고통받고 죽어간 제
가족과 친구, 수많은 동료들을 똑똑히 기억합니다. 그런 대의명분도 이제
사라지고 있습니다.
이를 완벽하게 보여주는 실례로 9월 13일 아라파트가 한 연설과
라빈의 연설을 대조해보면 됩니다. 마흐무드 다르위시와 이 문제를
이야기했는데요. 우리는 팔레스타인의 연설을 한 사람이 라빈이었다고
말했습니다. 아라파트는 사업가의 연설을 했고 끝에 가서 모두에게
감사하다고 했는데 뭐가 감사하다는 건지 불명확했습니다. 과거에는
다르위시 같은 사람들이 썼던 팔레스타인 연설문을 이제는 그를
지지하는 사업가들이 쓴다니까 무리도 아니죠. 상투적인 몇몇 문구로

우리의 역사를 말살하려는 역겨운 처사는 배신이 아닐 수 없습니다. 팔레스타인인들의 이야기를 전해야 하는 절박한 이유입니다.
이제 아랍 세계는 물론 서유럽과 미국의 많은 사람들도 팔레스타인 문제라면 지겨워할 겁니다. 그들은 이렇게 말합니다. 결국 당신들이 원하는 것을 얻었군. 국가 비슷한 것을 건설하게 되었어. 조인식을 멋지게 전 세계에 중계까지 하고 말이야. 마침내 뭔가를 얻었으니까 불평은 이제 그만 하고 당신들의 나라나 열심히 건설해.

<u>당신은 대중 강연을 많이 다닙니다. 어제는 오하이오 콜럼버스에서 강연을 했고 다음 주에는 캘리포니아로 갈 예정이죠. 당신의 발표에서 가장 흥미로운 것은 질문과 대답을 이리저리 섞어서 청중을 참여하게 한다는 점인데요. 사람들은 마이크 앞에서 무슨 말을 합니까?</u>
사람들은 이제 눈에 보이지 않던 세세한 조항을 묻기 시작합니다. 지난 9월에 있었던 조인식으로 말미암은 행복한 기운은 사라져 버렸다는 것이 대체적인 평가입니다. 그리고 이제 언론에서 가끔씩 보도되는 살인 소식이나 어떤 날짜도 신성하지 않다는 이스라엘 장관의 말에 걱정합니다. 만약 팔레스타인인이 백악관에서 비준된 엄숙한 국제 협정 이후에 그런 말을 했다면 난리도 아니었을 겁니다. 하지만 페레스는 정기적으로 그런 말을 합니다. 팔레스타인인들이 품위를 지키기를 원한다면서 신성한 날짜는 없다고 합니다. 예리코 주위 20마일에서 군대를 철수하는 사소한 일에 다섯 달이나 걸렸고, 무슨 일이 일어나려면 앞으로도 다섯 달이 더 걸릴지 모릅니다. 평화협정으로 이제 새로운 단계, 새로운 관계 국면이 시작되었다고 생각하는 사람들이 볼 때에는 도무지 이해하기 어려운 일입니다. 이들은 어떻게 된 사정인지 궁금해 합니다. 단순한 차원에서 그 이유를 알고 싶어합니다.
흥미롭습니다. 저는 이스라엘인이나 이스라엘 지지자들을 많이 접하는 편은 아닙니다. 그나마 이스라엘 지지자들이 좀 더 많군요. 과거에는

여러 친이스라엘 단체가 저에게 성명서를 읽어주며 공식화된 질문을 던졌습니다. "걸프에서 아라파트는 팔레스타인인들은 분열될 수 없으며 우리는 모든 것을 짊어져야 한다는 식으로 말했습니다. 이에 대해 어떻게 생각하십니까?" 이런 식의 윽박지르는 질문은 이제 더 이상 없습니다. 그 대신에 정보를 묻는 질문을 주로 합니다. 사람들은 알고 싶어합니다. 비슷한 약탈이 벌어지고 있는 세계의 다른 곳, 가령 남아프리카공화국의 상황과 연결시키고자 하는 노력이 보여 저로서는 좋은 신호라고 생각합니다. 의식이 성장한다는 뜻이니까요. 하지만 대학에서는 대체로 정치에 무관심한 것 같습니다.

<u>당신은 대중 강연에서 공격적인 질문을 당했다고 말했습니다. 그보다 더 심한 경우 살해 위협, 피켓 시위, 욕설도 당한 것으로 알고 있습니다. 그래서 말인데요. 당신은 이런 강연 말고 글이나 더 쓰면서 쉽고 편안한 학자로서의 삶을 누릴 수도 있지 않았나요? 가령 음악이나 다른 주제에 관한 저술을 더 많이 할 수도 있었습니다. 하지만 어느 순간 교실과 강의실에서 나와 다른 영역인 정치 참여를 선택했습니다. 왜 그랬습니까?</u>

저는 제가 선택했다고 생각해본 적이 한번도 없습니다. 1967년 이후 어느 순간에 당연한 요구에 이끌렸던 것 같습니다. 직접적으로 말하자면 친구들이 제게 도와달라고, 뭔가를 써달라고, 서명해달라고, 행사에 참여해서 발언해달라고 부탁했습니다. 거절할 수가 없었습니다. 이어 어느 순간 이게 어떤 의미인지 갑자기 깨닫게 되었습니다. 저의 민족적 출신의 문제만은 아니었습니다. 제가 팔레스타인인이라서가 아니라 팔레스타인인들과 이 나라의 아프로아메리칸, 라틴아메리칸 연대 그룹, 아프리칸 그룹 등과 함께 팔레스타인 투쟁에 가담했으니까요. 팔레스타인 투쟁이 이 모두에서 핵심이라는 것을 깨달았습니다. 이것은 정의를 위한 투쟁이었습니다. 대단한 역경을 무릅쓰고 진실을 말하려는

투쟁이었습니다. 인류 역사에서 가장 끔찍한 대량 학살의 희생자로 공인된 민족을 까다로운 대항자로 마주한 것인데, 이들이 이제 또 다른 민족을 억압하는 입장이 되었습니다. 이런 양측을 모두 고려해서 말하고 어느 정도 양쪽 모두의 경험을 정당하게 대하는 것은 제가 볼 때 지적인 도전이자 도덕적인 도전입니다. 둘은 하나로 연결됩니다. 그런데 미국의 언론은 한쪽 견해만 소리 높여 보도하기 때문에 - 이런 미국 언론의 태도에 대해 여러분이 어떻게 생각하든 편향적인 것은 분명한 사실입니다 - 제게는 다른 선택의 여지가 없었습니다. 어느 정도 시간이 지나고는 오히려 기쁘게 받아들였습니다. 저항하고, 이야기를 전하고, 진실과 보편성을 옹호하고 지키는 것이 제게는 중요해 보였습니다. 그것이 저의 지적 소명이라고 생각했습니다.

1980년대 중반이 되자 교수와 지식인을 구별하는 일이 무의미해졌습니다. 둘은 논리적으로 서로 얽혀 있습니다. 제 어머니께서 종종 강조하시던 말인데, 교수라고 해서 반드시 하나의 주제만 파고드는 꽉 막힌 기술자일 필요는 없습니다. 촘스키나 에크발 아흐마드 같은 제 친구의 활동과 삶이 보여주듯 교수에게는 지적 소명이라는 것이 있습니다. 혼자가 아닙니다. 그리고 저보다 훨씬 고통 받고 힘든 시간을 보낸 팔레스타인인들이 너무도 많습니다. 그들에 비하면 저는 복 받은 사람입니다. 따라서 책임감을 느낍니다. 또 그래야 하고요. 이 문제를 사실 이렇게 찬찬히 생각해본 적이 없었는데 질문을 받으니 이렇게 답하겠습니다.

<u>저는 이런 저항의 문화가 어떻게 형성되었는지 궁금합니다. 저항이라면 대개 반동적인 요소를 암시하기 마련인데 긍정적인 대안을 제시하고 있거든요.</u>
극히 초기 단계에서는 외국의 침략자가 대대로 살아온 자신의 땅을 가져가서 정착하고 원하는 것을 마음대로 하는 상황을 지켜보며

괴로워합니다. 이런 단계를 지나면 이제 일어나서 싸우고 그 과정에서
현 상황에 대안을 제시하는 저항이 일어납니다. 팔레스타인 투쟁은
처음부터 또 다른 분리파 민족주의 운동에는 관심이 없다는 뜻이
명백해 보였습니다. 제가 팔레스타인 운동에 가입한 게 그때였습니다.
우리는 다른 민족주의에 관심이 없었습니다. 우리의 것을 얻기 위해
그들의 것에 저항하는, 그들과 똑같은 거울 이미지가 되는 것 말입니다.
그들에게 시온주의가 있듯 우리에게도 팔레스타인을 위한 시온주의가
있는 것 말입니다. 그 대신 우리는 인종과 종교와 국적에 기인한 차별을
넘어 해방을 이야기하는 대안을 말했습니다. 팔레스타인해방기구라는
이름에 바로 우리가 지향하는 바가 반영되어 있습니다. 저에게는 그것이
저항의 핵심입니다. 고집스럽게 문에 발을 갖다 대는 것이 아니라
창문을 열고 들어가는 것입니다. 저는 20세기 해방운동의 역사에서
가장 슬픈 일은 독립, 국가 건설 같은 단기적인 목표가 해방의 꿈을
배반하는 것이라고 생각합니다. 팔레스타인의 경우, 우리는 그렇게까지
나아가지는 않았고 우회로로 갔습니다. 저는 많은 것이 보편적인 문화의
부재와 관계가 있다고 생각합니다. 지금까지 우리는 슬로건에 많이
의지해왔습니다. 우리는 1950년대 이후로 타락, 부패, 과두정치, 의존,
독재라는 내리막 소용돌이를 걷고 있는 아랍 세계의 정치에 적극적으로
관여했습니다. 이 모든 것이 우리에게 부정적인 영향을 미쳤습니다.
처음에는 우리 민족도 자유, 민주주의, 표현의 권리, 검열 철폐를 소리쳐
주장했지만 말입니다. 결국 환경이 우리를 나락으로 떨어뜨렸습니다.
무엇보다 중요한 것은 목표를 계속해서 바꿔야 한다는 분위기였습니다.
일례로 아프리카민족회의와 만델라가 있습니다. 지금은 그들을
비난하는 것이 유행처럼 되어버렸지만, 아파르트헤이트에 맞서 싸웠던
모든 사람들은 추호의 의심도 없이 하나의 목소리, 하나의 마음으로
아파르트헤이트를 무너뜨리고 대안을 건설하려는 목표를 향해
나아갔습니다. 팔레스타인의 경우에도 처음에는 그랬지만 도중에 생각이

바뀌었습니다. 세속적인 민주국가 건설이 목표였다가 팔레스타인 해방이
되었고, 이어 자치, 그 다음에는 제한적인 자치, 그리고 이제는 사실상
이스라엘과의 협력이 되었습니다. 저항과 대안의 문화를 계속 유지할
수 없다면 철마다 대안이 이리저리 바뀌는 시장바닥이 되고 맙니다.
몇 년 전만 해도 아라파트는 자신이 마치 러시아 혁명 초창기의 '붉은
여단' 사령관이라도 되는 듯 말했지만, 이제는 미국 국무부 직원 행세를
합니다. 제가 가장 가슴 아프게 생각하는 점입니다. 따라서 저는 현재
아랍 세계와 팔레스타인 세계 모두에게 가장 시급한 일은 저항의 이념과
저항의 문화를 재검토하는 것이라고 생각합니다. 바야흐로 우리는
새로운 단계에 와 있습니다. 이스라엘이 원하는 것은 팔레스타인을
포함한 아랍 국가들과의 관계를 정상화하는 것입니다. 물론 저도
정상화를 지지합니다. 하지만 진정한 정상화란 동등한 당사자들
사이에서만 가능한 법입니다. 지도와 의존의 관계로 살아가는 것과
의존에서 벗어나 독립과 평등을 이루는 것은 엄연히 다릅니다. 우리는
아직 그렇게 못했습니다. 그래서 저는 이것이 앞으로 십 년 동안 우리가
해야 할 가장 중요한 정치적 과제라고 생각합니다.

<u>저항의 문화에 관한 제 질문을 곧장 팔레스타인과 중동 문제로
연결시키셨는데요. 저는 미국에 대한 당신의 견해를 듣고 싶습니다.</u>
현재로선 말하기 어렵습니다. 제가 속해 있는 좌파는 무질서한
상태입니다. 포스트마르크스주의, 포스트식민주의, 포스트모더니즘 등등
여러 '입장들'이 어지럽게 공존하고 있죠. 제가 볼 때 이런 이론들은
대부분 지적으로 일관적이지 못합니다. 사회적 투쟁과 오늘날 우리가
처한 복잡한 정치 문제, 특히 경제 문제와 거의 무관합니다. 이론의
지형이 그렇게 바뀌어서 이제 미국 좌파들은 쉬운 대안만 내세우고,
몇몇 예외를 제외하면 공적 개입을 피하고 학계에 안주하는 것
같습니다. 아직도 진실을 말하려고 노력하는 촘스키 같은 몇몇 대중

지식인들이 있습니다. 하지만 한때 저항과 원칙의 상징이었다가 이제
언론과 강단의 스타가 된 이름뿐인 지식인들이 훨씬 더 많습니다.
그래서 이들의 메시지가 거의 들리지 않습니다.
미국의 지식인으로서 저는 저항과 공공의 원칙과
사회·정치·경제·문화 분야의 공동의 목적에 관한 담론이 사라진
것이 몹시 가슴 아픕니다. 한편 1960년대에 활발하게 저항했던 소수
민족 운동이나 여성 운동을 보면 편협한 제 식구 챙기기 경향이 꽤
만연해 있는 것 같습니다. 이런 경향이 사라지고 전체를 위한 고민이
등장하리라 희망해보지만, 가까운 미래에 이런 일이 일어날 가능성은
없어 보입니다. 지금으로서 희망할 수 있는 것은 이런 이슈에 대한
논의를 일으키는 것입니다. 저를 포함한 많은 이들이 현재 노력하고
있는 일입니다.

<u>정체성의 문화를 말씀하시는 겁니까?</u>
네, 맞습니다. 정체성의 문화입니다. 로버트 휴즈가 "불평의 문화"라고
부른 것, 무엇보다 특정 이익을 위한 문화입니다. 저는 이를 "전문가주의
문화"라 부르고 싶습니다. 이런 문화 때문에 1960년대에 활발하게
벌어졌던 시민운동의 에너지가 완전히 고갈되고 말았습니다. 이제
지엽적으로 연명하고 있는 상황입니다. 미국은 여전히 전 세계에 막강한
영향력을 행사하는 나라입니다. 미국의 영향력을 제대로 평가하고
비판할 필요가 있습니다. 요즘에는 발언할 수 있는 지면이나 강연장이
거의 없습니다. 『네이션』 『Z매거진』 『프로그레시브』 정도가 남아 있는데,
이것만으로는 지적 지평을 넓히기에 역부족입니다.

<u>진정한 목소리의 문제, 누가 앞에 나서서 발언하느냐 하는 문제가 이런
논쟁에서 중심인 것 같습니다.</u>
저는 이런 문제가 오히려 지나치게 부각된다는 생각이 듭니다.

A공동체를 대표하는 사람, B공동체를 대표하는 사람이 있어야 한다는
것인데요. 어떤 시점에서는 이런 생각이 유용할 수 있습니다. 확실히
제게는 유용했습니다. 진정한 팔레스타인인, 혹은 진정한 아랍인이
뭐라고 말해주었으면 좋겠다고 생각했던 순간이 있었으니까요. 하지만
우리는 항상 그것을 넘어서야 합니다. 주어진 역할을 그냥 받아들이기만
해서는 안 되고, 계속해서 공식에 도전하고 구조와 맥락에 도전하고
넓혀서 그 뒤에 숨어 있는 더 큰 이슈를 드러내야 합니다. 단순히
대표성의 문제, 진정한 목소리의 문제만이 아닙니다. 합창단에 테너,
소프라노, 알토, 베이스를 갖춘다고 끝나는 것이 아닙니다. 중요한 것은
사회 변화와 관련된 더 큰 사회적 이슈입니다. 현재 우리에게는 이것이
없습니다.

마지막으로 '현재 어떤 프로젝트를 진행하고 계십니까?' 같은 의례적인
질문은 하지 않겠습니다. 하지만 많은 사람들이 당신의 건강을 염려하며
꼭 물어봐달라고 부탁했습니다. 그들에게 한 말씀 해주시죠.
몸의 상태에 주의하고 있습니다. 아시다시피 저는 백혈병을 앓고
있습니다. 당연히 좋지 않은 순간들이 있습니다. 합병증이 있었는데
지난 가을에 성공적으로 치료했습니다. 이제 괜찮습니다. 미래에 대해
너무 많이 생각하지 않으려고 합니다. 그냥 앞으로 나아가려고 합니다.
전체적으로 제 자신과 제 건강이 많이 좋아졌다는 것을 느낍니다.
건강을 너무 고민하지 않기에 건강이 나아진 것 같습니다. 깨어 있는
순간에는 가급적 건강을 생각하지 않고 당면한 문제에만 집중하려고
합니다. 그게 가장 큰 싸움입니다. 아직 해야 할 일도 많고 써야 할 글도
많으니까요. 계속 일하고 싶습니다.

서문
옮긴이의 글

1994년 초판 서문

시작하기 전에 질문을 던져보자. 에드워드 사이드처럼 왕성하게 활동하고 널리 알려진 작가와 왜 이 인터뷰를 마련했을까? 대부분의 그의 책들이 미국과 유럽의 수많은 대학에서 학기마다 교재로 사용된다. 특히 『오리엔탈리즘』은 우리 시대의 고전으로 책을 읽지 않은 사람들조차 이 책의 논의들을 인용할 정도로 널리 알려져 있다. 또한 사이드의 견해는 대중 매체 기고와 방송을 통해 수많은 사람들에게 전달되고 있다. 그런데도 이런 얇은 인터뷰집이 무슨 소용이 있을까?

우선 이 책이 이전의 어떤 저술보다도 이름 뒤에 숨겨진 사이드의 본 모습을 잘 보여준다는 점을 들 수 있다. 에드워드 사이드의 저술은 대개 학술적이고 분석적이다. 그의 사상이 담겨 있을 뿐 그의 인간적인 면모를 들여다보기는 어렵다. 물론 『오리엔탈리즘』, 『팔레스타인 문제』, 『이슬람 보도』 *Covering Islam* 같은 논쟁적인 책들을 읽어보면, 그가 어떤 경험과 감정의 변화를 겪으면서 독창적이고 대항적인 입장을 가진 비평가로 성장해 왔는지 엿볼 수 있다. 『마지막 하늘 이후』, 『하퍼스』 잡지(1984년 9월)에 실린 망명에 관한 에세이 '겨울의 마음' The Mind of Winter, 같은 잡지(1992년 12월)에 실린 팔레스타인에 잠깐 돌아갔을 때를 매혹적으로 기술한 '팔레스타인, 그때와 지금' Palestine, Then and Now, BBC 다큐멘터리 「에드워드 사이드 이야기」처럼 그의 자전적인 정보를 제공하는 자료들도 있다. 하지만 그의 글과 삶이 어떻게 연결되는지 보여주기에는 미흡하다. 데이비드 버사미언은 따뜻하고 공감 어린 질문들로 이 간극을 메운다. 이 책은 사이드의 인간적인 면모와 그의 사상의 연결점을 밝히는 독보적인 인터뷰이다.

에드워드 사이드는 이상과 현실의 일치, 원칙에 따른 행동을 몸소 실천하는 보기 드문 사람이다. 『오리엔탈리즘』(1978)을 출간한 이후로 그의 저술을 평가할 때면 언제나 '용기'라는 말이 따라다닌다. 실제 삶에서 그의 확고한 용기는 가족과 친구들에게 많은 영감과 위안을 주었다. 몇 년 전의 일이 생각난다. 베이루트에서 세 명의 친구들이 파키스탄의 시인 파이즈 아메드 파이즈*와 저녁 식사를 하고 있었다. 파이즈는 미국의 후원을 받는 모하메드 지아 울 하크 대통령의 독재를 피해 전쟁으로 폐허가 된 레바논에서 망명 생활을 하고 있었다. 파이즈가 '팔레스타인 아이를 위한 자장가'라는 시를 암송했고, 사이드는 그 시에 완전히 매료되었다. 바로 그 순간 근처에서 격렬한 총격전이 벌어졌다. 웨이터가 허둥거리며 안뜰로 도망치는 바람에 식당에는 우리만 남았다. 본능적으로 위기를 직감한 나는 우르두어로 된 파이즈의 시를 영어로 옮기던 것을 멈추고 베이루트 사정에 밝은 누바 호브세피안을 쳐다보았다. 하지만 사이드는 대수로운 일이 아니라는 듯 계속하라고 했다. 그래서 우리는 시를 계속 읊었다.

"그이는 뭔가에 정신이 팔리면 다른 것은 상관하지 않는답니다." 사이드의 아내 매리엄 사이드가 언젠가 내게 이렇게 말했다. 점차 나는, 그가 자발적으로 뭔가에 빠지는 것이며 용기의 바탕에는 지적 목적의식과 도덕적 전망이 든든하게 자리하고 있다는 것을 알게 되었다. 때로는 FBI가 조심하라고 경고할 만큼, 사이드는 폭력적인 집단으로부터 심각한 위협을 받기도 했다. 그럴 때면 정말로 조심하긴 했지만, 휴가를 다녀오라는 충고를 따른 적도 없고 대중적인 활동을 접거나 팔레스타인의 해방을 위한 투쟁을 멈추지도 않았다. 심지어 이삼 사르타위와 아부 지하드 같은 PLO 지도자들이 파리와 튀니스에서 살해당했을 때에도 에드워드는 평소와 다름없이 지냈다. 버사미언이 그에게 살해 위협에 어떻게 대처했는지 묻자 그는 이렇게 대답했다. "되도록 생각하지 않으려고 합니다. … 그런 문제에 부딪혔을 때 최악은 지레 겁을 먹고 무능해지는 것입니다. … 당사자보다 주변 사람들이 더 불안해지게 마련입니다. … 그냥 제 갈 길을 가면서 안위를 걱정하는 대신 말과 행동을 조심하는 것이 낫습니다."

PLO가 마드리드에서 협상에 나선 뒤에도, 야세르 아라파트가 이스라엘과 협정문에 서명한 뒤에도 위협은 사라지지 않았다. 그저 위협의 수단이 바뀌었을 뿐이다. 당시

파이즈 아메드 파이즈 Faiz Ahmed Faiz(1911~1984): 우르두어를 사용한 파키스탄의 시인으로, 감옥에서 탈레반 치하의 아프가니스탄에 대한 여러 편의 시를 남겼다.

아랍 세계에는 비열한 폭력이 난무했다. 주권 의지가 무너지고 내부 부패로 곪아서 세계 각국이 아랍에 주목하던 시기였다. 굴복의 분위기가 지배하는 시국에 합의가 아닌 강압에 의해 통치하는 정부의 눈에 애국자는 위험한 존재였다. "저는 중동에서 위험인물 리스트에 여러차례 올랐습니다." 사이드가 버사미언에게 한 말이다. 계속해서 다른 적들이 그에게 접근했고, 그는 한 순간도 머뭇거리지 않고 맞섰다. "많은 사람들이 당신의 건강을 염려하며 꼭 물어봐달라고 부탁했습니다. 그들에게 한 말씀 해주시죠." 인터뷰 마지막에 버사미언이 부탁하자 사이드는 이렇게 답한다. "몸 상태에 주의하고 있습니다. 아시다시피 저는 백혈병을 앓고 있습니다. 당연히 좋지 않은 순간들이 있습니다. … 미래에 대해 너무 많이 생각하지 않으려고 합니다. … 아직 해야 할 일도 많고 써야 할 글도 많으니까요. 계속 일하고 싶습니다." "정말 멋져!" 사이드가 백혈병 진단을 받고 며칠 뒤에 다시 열정적으로 일을 시작하고 여행을 다니자 내 아내는 이렇게 외쳤다. 그는 『문화와 제국주의』 원고를 교정했다. 책이 출판되자 미국과 유럽을 돌며 강연을 했고, 편집자들은 그의 놀라운 열정과 집중력, 위트와 유머에 감탄했다. 그 무렵, 사이드에 관한 BBC 다큐멘터리 촬영이 있었다. 우리는 촬영을 위해 런던에서 만나 사흘을 함께 지냈는데, 내가 시차로 고생하는 동안에도 에드워드는 평소와 다름없이 열여덟 시간의 일정을 소화했다. 촬영이 끝난 뒤에는 강의를 하면서 BBC 리스 강연"을 준비했고, 틈틈이 오페라를

보러 가고 가족, 친구들과 파티를 즐겼다. 이 무렵 에드워드는 아라파트가 항복하지 않도록 막으려는 가망 없는 싸움에 매달리고 있었다. 1991년 10월 PLO 의장이 마드리드 평화회의에 참석했는데, 미국이 후원하고 이스라엘이 지시한 협상의 조건은 팔레스타인 민족에게 굴욕적이었다. PLO는 마드리드에서 팔레스타인 민족을 대변한다는 주장을 사실상 철회했고, 예루살렘 점령지에 대한 권리도 포기했다. 또한 망명 중인 300만 명의 팔레스타인인들을 협상에서 배제하기로 합의했다. 에드워드는 아라파트가 평화 과정에 들어선 게 아니라 굴복하기 시작했다고 이해한 보기 드문 아랍 지식인이었다. 그는 PLO 지도부가 패배주의 노선을 걷고 있다고 매주, 때로는 매일 경고했다.
1993년 1월의 어느 날 아침, 우리가 그의 리버사이드 아파트에서 커피를 마시고 있을 때 전화벨이 울렸다. 아랍어로 열띤 대화가 40분간이나 이어졌다. 에드워드는 이마에 땀을 뻘뻘 흘리며 격양된 표정으로 돌아오더니 이렇게 말했다. "그들이 결국 세계 최대의 감옥인 가자 지구를 경계하겠답니다." 그 해 가을, 이슬라마바드에서 텔레비전으로 백악관에서 대단히 슬픈 조인식이 열리는 광경을 지켜보며 이때의 사건을 생각했다. 아라파트가 클린턴에게 계속해서 고맙다고 말하는 장면에 진저리가 났는데, 에드워드도 아마 그랬을 것이다. "대체 미국에 뭐가 고맙다는 거죠?" 그는 이 역사적 협정을 둘러싼 무자비하고

폭력적인 상황을 내게 상기시켰다.
사이드는 오래 전부터 이스라엘과의
평화를 주장해 왔다. 이 책에서 처음으로
상세한 내용을 밝히고 있는데, 그가
1978년 가을 그리고 1979년 3월에
다시 베이루트에 들고 간 제안에
야세르 아라파트가 반응을 보였더라면,
팔레스타인·이스라엘 문제가 괜찮은
방향으로 해결되었을지도 모른다.
사이드는 최근의 PLO와 이스라엘 사이의
협정을 아라파트의 '굴복'으로 간주했고,
이렇게 생각하는 이유들을 조목조목
제시했다. 이 문제의 평가는 다른 사람과
역사의 판단에 맡기고, 여기서는 그의
지적 토대와 관련된 측면들만 살펴보자.
기억의 문제, 억압받는 자들의 이야기를
강조하고, 지배적인 신화나 견해가 다른
목소리 없이 역사로 굳어지게 내버려두지
않아야 한다고 믿기에, 사이드는
아라파트에 반대한다. 그는 작업에서
개인적·집단적 상실에 대한 깊은 이해와
분파주의 이데올로기, 구조, 주장을
넘어서는 긍정적이고 보편적인 대안의
모색을 중시했다. 그의 모든 연구에서 이런
주제들이 하나로 엮여 지식과 권력, 문화와
제국주의의 연결 지점을 드러낸다. 이를
통해 사이드는 더 흥미롭고 인간적인 대안,
즉 다른 목소리, 저항의 문화, 종파적이지
않은 세속적 해방의 가능성을 제시해 왔다.

PLO와 이스라엘의 협상은 1992년 가을
보스턴에서 시작되었고, 이어 중립 지역
오슬로로 자리를 옮겨 계속되었다.
이스라엘은 항상 협상과 휴전의 기간 동안
더 폭력적으로 밀어붙인 전례가 있다.
이번에도 다르지 않아서 1992년 10월부터
1993년 9월까지는 "서안 지구 최악의
억압 시기"였다. 많은 사람들이 죽었는데
대부분이 열여덟 살 미만의 아이들이었다.
415명의 팔레스타인인들이 국제법
위반으로 고향에서 쫓겨나 레바논 국경
지대에서 가혹한 겨울을 맞았다. 점령지
주민들은 통금에 시달리기 일쑤였고,
점령군이 도로를 통제한 탓에 바깥세상은
물론 서로와도 고립되었다. 이스라엘은
또다시 레바논을 침공했다. 이번에는
수십만 명의 난민을 만들겠다고 공공연히
밝혔다. 이런 참혹한 현실은 로즈가든*에서
한 마디도 언급되지 않았다. 제국주의와
힘을 앞세운 신화가 전면에 부각되었고,
저항이 있었다는 소식은 어디서도 찾아볼
수 없었다. 팔레스타인의 이야기는
이스라엘의 주장에 완전히 묻혀버렸다.
이번에는 팔레스타인의 대표라는 자들도
공모에 가담했다.
사이드는 백악관에 초대되었지만
가지 않고 텔레비전으로 "번지르르한"
행사를 지켜보았다. 클린턴은 "마치
로마 황제라도 되듯 두 명의 가신을

BBC 리스 강연: BBC의 창립자 존 리스 경의 이름을 딴 강연회로 1948년부터 매년
세계적인 석학을 초빙하여 강좌를 맡기고 있다.
로즈가든: 백악관의 공식 기자회견장. 오슬로 협정 당시 라빈 이스라엘 총리와 아라파트
PLO 수반도 이곳에서 조인식을 가졌다.

자신의 황궁에 초대해서 자기 앞에서
악수하게 했습니다. 한껏 차려입은
스타들의 행렬도 눈에 거슬렸습니다.
무엇보다 가슴 아팠던 것은 이스라엘 총리
라빈이 팔레스타인인들에게 고통이니
햄릿의 불안이니 상실이니 희생이니
하며 떠들어대는 연설이었습니다. …
아라파트의 연설은 실제로 사업가가 써준
것으로 임대계약서나 다름없었습니다."
남아프리카에 해방 운동이 막 고조되고
있을 때 팔레스타인에 자치구를
마련하자는 이런 논의는 누구에게나
불경스럽게 들렸지만, 사이드가 느꼈던
고통은 한층 각별했다.
협정의 폐해는 이루 말할 수 없다.
지금까지 팔레스타인인들은 많은 재난에
맞서 싸우며 꿋꿋하게 견뎌냈다. 이번 재난
역시도 견뎌낼 것이다. 하지만 아라파트가
라빈에 맞서 제 목소리를 내지 못하고
팔레스타인인들의 고통을 제대로 헤아리지
못한 것은 사이드의 정서적, 지성적
바탕에 큰 상처를 냈다. 그는 1992년에
자신의 민족이 강압적으로 떠나야 했던
이스라엘을 처음으로 방문했던 경험을
버사미언에게 털어놓으며 이렇게
말했다. "서양의 대중문화에 존재하는
기억과 회상의 정치경제학 속에는
팔레스타인인들이 겪어야 했던 상실의
경험이 들어설 자리가 없습니다." 가끔은
기억이 그를 압도하는 것처럼 보이기도
했다. 그는 자신이 태어난 예루살렘 집을
시온주의자들이 차지하고 있는 것을 보며
차마 들어가지 못한다. 그냥 밖에 서서
아이들에게 자신이 태어난 방이라고

알려줬을 뿐이다.
많은 팔레스타인인들이 그렇듯이,
상실의 고통이 큰 사람은 신랄하기
마련이다. 하지만 사이드는 그렇지 않다.
아마도 대안을 찾으려는 열망이 워낙
강하기 때문인 듯하다. 그가 이스라엘과
화해를 모색한 것도 그런 이유에서였다.
1967년 전쟁 이후 사이드는 아랍이
이스라엘의 존재를 인정하지 않는 것은
아무 소득 없는 태도라고 주장한 최초의
팔레스타인인이었다. 그는 '시온주의자
조직'이라는 멍청한 관습적 용어를
거부하고 이스라엘을 이스라엘이라고
부를 것을 고집했다. 유대인도 그곳에
계속 머무를 것이고 팔레스타인인도
마찬가지다, 아무리 폭력을 휘두르고
강제로 추방하고 이상한 주장을 해도 이런
현실을 바꿀 수는 없다고 계속해서 말했다.
대신 그에게는 정치야말로 전쟁과 폭력의
사슬을 끊을 수 있는 유일한 대안이었다.
아랍인과 유대인 모두에게 매력적인
팔레스타인을 만들기 위해 계획을 세우고
체계적으로 세밀하게 하나하나 추구해야
한다고 했다. 1970년 이후로 그는 PLO
지도자들에게 해방을 위해 우선적으로
해야 할 일은 국내외의 시민사회에서
꾸준한 정치적 노력을 기울이는 것이며,
갈등은 협상 테이블에서 해결해야 한다고
꾸준히 설득했다. 그리고 PLO는 정치
분석과 외교 기술이 지독하게 서투르다고
지적했다. 그들은 그의 말을 경청했다.
하지만 그뿐이었다.
그의 신념에 걸맞게 사이드는 내가 아는 한
이스라엘과 미국의 시온주의자들을 만난

최초의 팔레스타인 지식인이었다. 그가 만난 사람 중에는 마팜*의 지도자 심하 플라판이 있는데, 그는 훗날 용감하게도 팔레스타인인들의 시온주의 경험에 대한 학술적인 글을 썼다. 사이드는 유명한 몇몇 미국 유대인 지도자들도 만났으며, 이 가운데 일부는 나중에 '피스 나우'의 후원자가 되었다. 이스라엘의 평화운동가치고 에드워드 사이드를 만나지 않은 사람은 거의 없다. 또한 그는 팔레스타인의 테러 행위가 역효과만 내는 잘못된 해방 전략이라고 공개적으로 비난한 최초의 저명한 아랍 지식인이었다. 때때로 그는 혼자라고 느꼈지만, 그와 함께하는 사람들이 늘 곁에 있었다. 1970년대와 1980년대에 시온주의 지도자들이 선호한 전형적인 수법은 이스라엘·팔레스타인 협상을 제시해 평화적인 공존을 약속하는 척하다가 아랍이 이스라엘의 존재를 인정하면 그곳을 점령하는 것이었다. 그들이 내세운 명분은 사이드가 옹호한 것과 그렇게 다르지 않았다. 그렇다면 그는 왜 그렇게 시온주의 체제가 기피하는 인물이 되었을까? 아이러니하게도 사이드의 평화적인 태도와 시온주의에 대한 정확한 평가가 그들이 보기에 심각한 위협으로 인식되었다는 것이 하나의 대답이다. 하지만 그들을 가장 성가시게 한 것은 사이드가 과감하게 팔레스타인의 이야기를 세상에 알리고, 새로운 의견을 꾸준히 제기하고, 분파적인 민족주의를 넘어서는 대안을 모색했다는 점이다.

모든 민족주의 운동은 스스로에 관한 신화를 퍼뜨리기 마련이다. 시온주의는 특히나 팔레스타인과 팔레스타인인들에 대한 신화를 대량으로 퍼뜨리는 것으로 유명하다. 팔레스타인은 민족 없는 땅, 땅 없는 민족을 위한 땅이었다. 사막이던 곳을 시온주의 개척자들의 노동으로 일구었다. 아랍 유목민들이 띄엄띄엄 거주하던 황무지가 유럽 이주민들의 손에 의해 새롭게 개척되었다, "까마득한 옛날"에는 유대인의 땅이었다, 등등. 팔레스타인인들에 대해서도, 그들은 원래 존재하지 않았다, 아랍인들이 라디오 카이로의 요청에 의해 1948년 팔레스타인으로 도망쳤다, 팔레스타인인이라고 하는 사람들은 유대인들이 이스라엘에서 일군 경제 기적에 이끌려 시리아에서 건너왔다, 등의 이런 신화는 수백 개에 이른다. 에드워드 사이드는 이런 신화가 그저 선전을 위한 도구가 아니라 훨씬 절박한 필요성에 의해 만들어진 것임을 꿰뚫어 보았다. 그는 이런 신화가 시온주의의 인식론에 결정적으로 중요하다고 이해했다. 팔레스타인인들은 불운하게도 본인들도 오랫동안 가혹한 박해에 시달렸던 민족에게 억압을 받고 있다. "우리는 희생자의 희생자라는 특이한 처지에 있습니다." 유럽의 유대인들을

마팜 Mapam(Mifleget HaPoalim HaMeuhedet): 1948년 창당한 이스라엘 통일노동당. 좌파 시온주의 정당으로 1992년 이스라엘 인권운동 세력을 규합하여 메레츠당을 결성했다.

괴롭혔던 자들은 항상 분파주의 이념과 정서를 내세웠다. 그런 분파주의의 희생자들이 천년 이상을 팔레스타인인들이 살아왔던 곳에 유대인 자치구를 건설하려는 배타적인 이데올로기로 무장하여 또 다른 백성을 내쫓았다. 시온주의, 이스라엘, 팔레스타인과 관련된 유대민족의 가장 근본적인 모순이 바로 여기에 있다. 희생자를 욕하고 그들의 인간성을 깎아내리고 악마로 만드는 것은 이런 모순에서 가장 손쉽게 빠져나갈 수 있는 방법이었다.

문화의 전략적 배치와 사용을 남다르게 꿰뚫어 볼 줄 알았던 에드워드 사이드는 이런 신화가 시온주의 인식론의 핵심이며, 유대민족 국가를 정당화하고 시온주의가 이웃 민족에게 모질게 대하는 것을 정당화하는 기제임을 이해했다. 그는 진실을 마주하지 않으려는 자들을 당혹스럽게 하려고 '되받아 쓰기' 전략을 사용한다. 팔레스타인 문제에 의식적으로 집중한 순간부터 그는 시온주의와 그 지지자들에게 되받아 썼다. 이 주제에 관한 그의 첫 번째 에세이 '아랍인의 초상'Portrait of an Arab은 1967년 전쟁 직후에 발표되었다(『1967년 6월 아랍-이스라엘 갈등: 아랍의 관점』에 재수록). 그는 열정과 예리한 텍스트 분석으로 전쟁과 그 이후에 언론이 얼마나 적의와 차별의 시선으로 아랍인들을 희화화했는지 밝히고 있다. 그는 서양에 널리 퍼진 반아랍 정서와 반유대주의를 연결시켰는데, 아이러니하게도 유대인들은 지금 아랍인들에 대해 무력을 열심히 행사하고 있다. 사이드가 팔레스타인인을 유대민족의 그림자, 사람들이 서로를 포용할 때를 제외하고는 절대 사라지지 않을 그림자라고 묘사했던 기억이 난다. 그 이후로 그는 계속해서 '되받아 썼고', 그렇게 쓰인 글들은 문학적이고 정치적인 관점에서 그의 가장 빛나는 작품들이다. 내가 특별히 언급하고 싶은 글은 '희생자의 관점에서 본 시온주의'Zionism from the Standpoint of Its Victims(『팔레스타인 문제』에 수록), '대탈출: 가나안인의 독해'Exodus: A Canaanite Reading(『희생자들을 비난하기』 Blaming the Victims에 수록), 그리고 『마지막 하늘 이후』이다. 그가 "세계의 기억 은행"이라 부른 곳에 팔레스타인인들의 상실의 경험을 처음으로 예치하기 시작한 이후로 이스라엘의 수정주의 역사가들이 더 많은 신화를 용감하게 폭로하면서 진실이 점차 밝혀지고 있다.

유대인 독자가 시온주의와 팔레스타인에 대한 에드워드 사이드의 글을 읽는다면 후회의 감정을 느끼거나 분노를 느낄 것이다. 비극적이게도 분노를 느끼는 유대인이 더 많다. 사이드는 이스라엘을 방문해서 "개인적으로 대재앙의 지역"을 둘러본 경험을 『하퍼스』에 기고했는데, 그러자 잡지와 본인 앞으로 "섬뜩한 분노의 편지"가 엄청나게 배달되었다고 버사미언에게 말했다. "자신을 정신과 의사라고 소개한 한 사람은 저를 정신병원에 감금시켜야 한다고 했습니다. 제가 거짓말을 한다고 몰아붙인 사람도 있었습니다. … 가슴이 몹시 아픕니다."

이런 호전적이고 관용을 모르는 태도는 이름도 밝히지 않고 편지를 보낸 사람들만의 문제가 아니다. 팔레스타인의 목소리를 거부하고 그들의 표현의 자유를 묵살하려는 태도는 널리 퍼져 있다. 누구에게든 이런 억압의 경험이 있다. 사이드는 해방의 대의를 지지해서 널리 존경받는 뉴욕의 연극 프로듀서 조 패프가 서안에서 온 하카와티 극단의 공연을 취소했던 이야기를 들려주었다. 참으로 가슴 아픈 일이다. 하지만 후회를 느끼고 그릇된 행위라고 인정하는 사람을 만나면 사이드는 감동한다. 화해의 희망이 다시 싹트는 것을 느끼기 때문이다. 이 책에서 그는 두 사건을 소개한다. 하나는 이스라엘 택시 운전기사를 만났던 일이고, 또 하나는 이스라엘 퇴역 장군이자 전쟁 영웅인 마티 펠레드를 만났던 일이다. 펠레드가 뉴욕을 방문했을 때 사이드가 그를 점심식사에 초대했다. 무척이나 바쁘게 평화운동가로 일하고 있다는 펠레드에게 사이드가 물었다. "마티, 왜 이런 일을 하죠?" 그러자 펠레드의 대답, "한마디로 후회 때문입니다. 양심의 가책을 느낍니다." 사이드는 그때의 일을 이렇게 회상한다. "그 말이 어찌나 충격이었던지 지금도 그 일을 생각하면 목이 멥니다. … 존경의 마음이 들더군요." 뉴욕에서 만난 택시 운전기사는 에드워드를 보더니 자신은 이스라엘인이라고 했다. 그는 괜찮다며 팔레스타인임을 밝혔고, 이스라엘인은 이렇게 말했다. "저는 거들지 않았습니다." 택시에서 내렸을 때 사이드는 슬픔을 느꼈다고 했다. "어떤 의미에서 미래를 위한 중요한 순간을 날려버렸다는 생각이 들었습니다."

꼭 그렇지는 않다. 사이드는 어떤 만남도 망각속으로 그냥 사라지지 않는다고 확신하기 때문이다. 서로 떨어진 두 사람이 부인과 침묵의 장벽을 무너뜨렸을 때, 이들은 제3자와 연결되어 진정한 대안과 동등한 관계를 만들었고, 그래서 억압하는 자와 억압받는 자가 "같은 역사에 속할" 가능성이 생겨났다. 기억과 후회와 속죄가 이렇게 해서 하나로 연결된다. 하지만 최근의 오슬로 협정은 이런 논리를 부인하고 팔레스타인 민족을 영원한 불평등과 지배의 상태에 예속시킨다. 사이드의 저작에는 분파주의 이데올로기, 태도, 실천에 대한 반대가 곳곳에 배어 있다. 그의 비판적 작업을 지탱하는 힘은 인종차별, 배타주의, 분리주의에 대한 혐오다. 이것이 오리엔탈리즘에 대한 그의 비판의 기본 주제이며, 이는 『문화와 제국주의』에서 계속 이어진다. 분파주의에 대한 그의 반감은 현재 아랍 국가들의 민족주의 정책을 혹독하게 고발하고 팔레스타인 정치에서 벌어지고 있는 상황을 걱정하는 이유다. 그를 알고 지낸 수십 년 동안 그는 한결같이 팔레스타인 해방운동에 헌신하면서도 "민족주의 … 팔레스타인 중심으로 세상을 바라보는 시각의 한계"를 놓치지 않았다. 인터뷰에서 그는 이 주제로 계속 돌아간다. 예컨대 이런 구절이다. "민족주의 의식 자체가 목적이 되고, 특정한 민족이나 인종 혹은 국가의 정수가 특별하다는 거의 날조된 생각이 문명이나 문화나 일개 정당의 강령으로 자리잡으면, 인류 공동체는 끝나는 겁니다."

사이드는 분파주의에 대한 반대 목소리로 정치, 문화, 미학에서 보편성을 추구한다. 언젠가 그는 이것을 양팔을 벌리고 역사에 들어갈 것인가, 아니면 주먹을 꽉 쥔 채로 역사에 들어갈 것인가 하는 문제라고 말했다. 보편성에 대한 그의 믿음의 뿌리는 내가 볼 때 아랍 문명과 예루살렘과 카이로에서 자란 어린 시절, 서양의 계몽주의 전통, 그리고 팔레스타인 민족의 경험에 맞닿아 있는 것 같다. 아랍 역사에서 그의 관심은 거의 대부분 문화에 집중된다. 그가 특별히 관심을 갖는 시대는 8세기부터 11세기까지의 이슬람, 13세기부터 15세기까지의 북아프리카와 스페인, 19세기와 20세기의 비옥한 초승달 지대와 나일 강 유역이다. 지적, 미적 풍토가 유달리 활발했고 세계적이고 보편적인 기준이 통용되던 시대였다. 사이드는 자신이 자랐던 세상을 이렇게 묘사한다.

제가 다니던 학교에도 다양한 인종의 아이들로 가득했습니다. 아르메니아인, 무슬림, 이탈리아인, 유대인, 그리스인과 같은 학교에 다니는 것이 너무도 자연스러웠는데, 레반트 지역에서는 다들 그렇게 자랐으니까요. 지금 우리가 목격하는 새로운 분열과 인종주의는 비교적 최근에 나타난 현상으로 제게 너무도 낯섭니다. 저는 이런 현상이 싫습니다.

이스라엘의 배타적 이데올로기와 구조, 실천에 대한 사이드의 비판은 이스라엘 지지자들의 심기를 건드리지만, 이런 관점에서 보면 완벽하게 합당하다. 귀환법*으로 전 세계에 흩어져 살던 유대인에게 팔레스타인에 정착할 권리가 자동으로 주어졌지만, 그로 인해 사이드는 자신이 태어났고 그의 조상들이 이스라엘이 건국될 때까지 수백 년 동안 살아왔던 땅에서 모든 권리를 빼앗겼다. 이스라엘에 거주하는 아랍인들은 유대인에 상응하는 시민권을 받지 못한다. 사이드는 이스라엘의 사회주의 공동체인 키부츠조차 일종의 아파르트헤이트라고 말한다. 팔레스타인을 위한 투쟁은 이런 맥락에서만 그에게 의미를 갖는다. 그는 "우리의 투쟁의 본질"이 "팔레스타인 땅은 오직 유대인들로 이루어진 이스라엘의 것이고 그곳에서 살아가는 다른 사람들의 것이 아니라는" 생각에 맞서는 것이라고 버사미언에게 말한다.

사이드가 이런 관점을 갖게 된 데는 팔레스타인인으로서의 경험이 크게 작용했다. 고통과 추방을 겪으면서 보편적인 의식에 눈을 떴고, 이런 점 때문에 그는 요하네스버그의 넬슨 만델라나 런던의 C.L.R.제임스*와 연결된다. 그의 삶과 이상은 유럽과 미국의 많은 유대인들과 유사하다. 유대인들은 자신들의 미학과 신비주의, 계몽주의 이념을 바탕으로 인본주의를 만들었다. 하지만 여기에는 고통과 박해의 역사가 새겨져 있다. 유대인들이 보편적인 가치와 자유주의, 사회주의 이데올로기에 이끌린 데는 분파주의로 똘똘 뭉친 적에 맞선 경험이 어느 정도 작용했다. 따라서 이스라엘이 남아프리카공화국처럼 변하지 않는다면, 그런 차별에 상처받은 민족이 차이와 차별의 이데올로기에 몰두한 비극의 사례로 역사에 기록될지도 모른다. 사이드는 자신의 민족도 비슷한 길을 선택할지 모른다며 우려한다.

조지프 콘래드는 제인 오스틴, T.S. 엘리엇, 알베르 카뮈와 함께 사이드의 인터뷰에서 빼놓을 수 없는 인물이다. 나는 에드워드가 콘래드에게 각별한 애정을 보이는 이유가 궁금하다. 사이드의 첫 번째 저술이 바로 그에 관한 책이었고, 그의 거의 모든 책에서 콘래드가 언급된다. 콘래드는 사이드처럼 망명객이었다. 사이드처럼 문화의 경계를 넘어 다른 나라의 언어를 습득했다. 사이드는 콘래드에게 지적인 빚을 졌다면서 콘래드야말로 "제국주의에서 문화의 역할을 … 가장 예리하게 간파한 목격자"이자 제국을 건설하고 유지하는 데 희생과 봉사, 인종차별, 속죄 같은 개념이 중요함을 꿰뚫어본 인물이었다고 버사미언에게 말한다. 콘래드는 "제국이 비단 식민지 백성뿐만 아니라 제국에 봉사하는 사람들까지도 슬그머니 물들인다는 사실"을 누구보다 잘 이해했다.

제국주의를 지탱하는 내부의 힘과 어두운 면을 이해했다. 그리고 "외부자의 위치에 서서, 유럽은 다른 국가들을 개척하고 부패하고 사멸하는 주기를 반복할 수밖에 없는 운명"임을 간파했다. 그는 그것이 불가피하다고 보았다.

대안을 상상하고 되받아 쓰기를 시작하는 것은 아프리카, 카리브 해, 아시아 작가들의 몫으로 넘어갔다. 에드워드 사이드는 이런 탐색을 민족주의와 포스트식민주의의 경계 너머로 밀고 나가 그가 말하듯 "많은 목소리들이 어우러져서 하나의 역사를 구성하는 … 대위법적 독서를 바탕으로" 세계와 텍스트를 해석하려 한 작가들 가운데 최고 거장이다.

에크발 아흐마드[*]
이슬라마바드, 파키스탄
1994년 6월

귀환법: 유대인들의 본국 귀환을 장려하기 위해 1950년 이스라엘 정부가 제정한 법.
C.L.R. 제임스 Cyril Lionel Robert James(1901~1989): 트리니다드토바고 출신의 역사학자로, 탈식민주의 문학 연구의 선구자이다.
에크발 아흐마드: 에크발 아흐마드는 메사추세츠 서부에 있는 햄프셔 대학의 정치학 교수였다. 정책연구소 연구원으로서 중동과 제3세계 문제에 관해 활발한 강연과 출판 활동을 벌였다. 영국 저널 『레이스 앤 클래스』의 공동 편집자로 일했다.

2010년 개정판 서문

의식적인 추방자*, 에드워드 W. 사이드

1994년에 이 책 초판의 서문을 썼던 에크발 아흐마드가 1999년 5월 11일, 파키스탄에서 세상을 떠났다. 에크발의 친구들과 가족은 뉴욕에서 추모식을 갖고 그의 삶을 기렸다. 그의 절친한 친구이자 정의를 위해 함께 싸워온 에드워드 W. 사이드와 이브라힘 아부 루고드가 에크발이 남긴 유산에 대해 감동적인 연설을 했다. 2년 뒤에 이브라힘이 팔레스타인 라말라에서 세상을 떠났다. 혼자 남은 에드워드는 무척이나 외로움을 느끼며 친구들을 그리워했다. 에드워드는 자신의 『오리엔탈리즘』을 "재닛과 이브라힘"에게 바쳤고 이어 『문화와 제국주의』는 에크발에게 바쳤다. 죽음으로 친구들을 영영 못 보게 되었지만, 그 전에 이미 에크발과 이브라힘은 자신들의 '고향'인 파키스탄과 팔레스타인으로 돌아갔고, 에드워드는 망명 생활을 계속했다.

에드워드는 친구들을 추모하는 감동적인 글에서 정치에 눈을 뜨게 해준 그들의 공을 인정했다. 그는 에크발의 삶을 이렇게 묘사했다. "온갖 곳을 방랑하고 국경을 넘나들고, 억압과 박해에 시달린 자들의 해방 운동에 거의 천성적으로 매달린 이의 서사시." 에크발은 "그들이 유럽과 미국의 대도시 중심지에 살든, 보스니아, 체첸, 남부 레바논, 베트남, 이라크, 이란, 인도의 난민 캠프나 포위에 시달리고 폭격으로 망가진 마을에 살든 가리지 않았다." 그리고 그는 "굳건한 배타주의나 그에 따르는 질투심에 굴복하지 않고 자신의 무슬림 전통을 보존하는 일에 묵묵히 매진했다. 피로 물든 지난 우리 시대에 그만큼 인류애와 정교분리를 멋지게 옹호한 사람은 없다."*

'나의 스승' My Guru이라는 에세이에서 에드워드는 세상을 떠난 친구 이브라힘을 추억한다. "또 다른 동지로 그의 요절은 나를 무척이나 움츠러들게 만들었다." 그는 1954년에 이브라힘을 만났고 이브라힘 덕분에 1970년에 에크발을 소개받았다. 에드워드는 이브라힘이 자신에게 팔레스타인 문제를 알려주고 이들의 경험에 눈뜨게 해주었다고 말한다. 그리고 1974년에 유엔 총회 PLO 대표단 일원인 샤피크 알 후트와 팔레스타인 시인 마흐무드 다르위시를 소개해준 것도 역시 이브라힘이었다. 그 과정에서 그는 PLO와 팔레스타인 문제에 공개적으로 관심을 갖게 된 것이다. 이브라힘은 1982년 이스라엘의 레바논 침공 당시 베이루트에 살고 있었다. "베이루트는 이브라힘에게 그 이전과 이후의 어떤 경험보다도 중요했다." 이 경험으로 그는 "비록 실패가 저 앞에 보일지라도 씩씩하게 앞으로 계속 나아갈 수 있다"는 것을 배웠다.

"그것이 이브라힘의 진정한 모습이었다. 그 상황에서 할 수 있는 것은 낙관적인 믿음을 잃지 않고 동료에 충실하며 (아무리 가혹한 상황에서도 유머를 발휘하고) 앞으로 나아가는 것밖에 없음을 이해했다." 에드워드는 말년에 에크발과 이브라힘이 자기 고국으로 돌아갔다고 했다. 그러면서 재빨리 이렇게 덧붙였다. "하지만 진실로 고향에 돌아가지는 못했다." 여기서 그의 회고록 『에드워드 사이드 자서전』 Out of Place 의 핵심적인 메시지가 반복되고 있다.

에크발과 이브라힘은 2년의 간격을 두고 차례로 세상을 떠났다. 그리고 2년 뒤 2003년 9월 25일에 에드워드도 그들의 뒤를 따랐다. 6년 동안 우리는 대중적인 지식인의 모범을 보여준 드문 인물들을 잃은 것이다. 이들 중 과거에만 머물러 있는 사람은 아무도 없다. 에드워드가 말했듯이 "이들은 에너지, 기동성, 모험을 대표했던 인물들이다."

에드워드가 세상을 떠나자 친구들과 가족, 그에게 배웠던 제자와 그를 따르는 사람들은 물론 적들까지도 그를 찬미했다. 장례식은 그의 제2의 고향인 뉴욕에서 엄숙하게 치러졌다. 수많은 사람들이 리버사이드 교회의 신도석을 가득 채웠다. 가장 감동적인 순간은 그의 친구이자 서동시집 오케스트라*의 공동 창설자인 다니엘 바렌보임이 마련한 음악 헌정이었다. 그는 바흐의 평균율 클라비어곡집 1권에 수록된 '전주곡 E플랫장조'를 연주했다. 그의 뺨에 눈물이 흘러내렸고 다들 조용히 들었다. 박수 없이 침묵만으로 연주에 화답한 순간은 바렌보임으로서도 아마 처음 겪는

의식적인 추방자: 이 아이디어는 가브리엘 피터버그의 글에서 가져왔다. 『알 아흐람 위클리』 Al-Ahram Weekly 1999년 5월 9일에 실린 글에서 발췌.
서동시집 오케스트라: 중동의 평화를 위해 사이드와 다니엘 바렌보임이 1999년 이스라엘과 팔레스타인과 아랍 지역의 청소년들로 조직한 오케스트라.

경험이었을 것이다.

에드워드가 죽은 뒤로 팔레스타인의 상황은 훨씬 더 나빠졌다. 팔레스타인 운동은 내부적으로 곪아갔고, 이스라엘은 팔레스타인에 대한 공세를 늦추지 않았다. 가자를 향한 폭력이 이어졌고, 팔레스타인의 땅과 자원과 인권을 계속해서 들쑤셨다. 이 같은 상황에 자칫 절망에 빠질 수도 있었지만 에드워드는 '나의 스승'의 마지막에서 하나의 대안을 제시한다. "팔레스타인의 앞으로의 여정에서 이브라힘은 하나의 이념에 매진한다는 것이 어떤 것인지 보여주는 모범으로 계속 남을 것이다. 이념에 무작정 매달리는 것이 아니라 실천하고 끊임없이 성찰하고 검토하는 삶 말이다." 그는 우리에게 이브라힘과 다른 동료들의 삶을 그대로 따라하지 말고 현재와 미래에 비추어 비판적인 반성과 수정을 하면서 경험을 새롭게 갱신하라고 말한다.

에드워드는 둘 다 고국을 떠난 아르메니아인으로서 서로 통하는 점이 많을 거라며 데이비드 버사미언을 내게 소개해 주었다. 그의 말이 맞았다. 1987년부터 1994년까지 총 다섯 차례 진행된 인터뷰를 통해 데이비드 버사미언은 에드워드의 작업에 대한 폭넓은 지식과 관심을 보여준다. 두 사람이 주고받는 질문과 대답은 문화, 제국주의, 오리엔탈리즘, 망명, 팔레스타인에 관한 사이드의 생각을 하나로 엮어낸다. 세상사에 밝은 버사미언의 질문 덕분에 사이드는 자신의 인류애와 정치 참여를 편안하게 연결해 가며 설명한다.

그는 예전부터 세계에서 손꼽히는 문화비평가 가운데 한 명이었다. 누구보다 먼저 사이드에 관한 책을 펴낸 편집자 마이클 스프린커는 이런 말을 했다. "그는 오늘날 인류애의 핵심적인 이미지인 코스모폴리탄 지식인의 이상을 몸소 실현해 보인 표본이다." 사이드는 역사학, 사회학, 인류학, 지역 연구, 특히 중동 연구 같은 여러 사회과학 분야에서 민감한 논쟁들에 적극 관여해 왔다. 그리고 그의 『오리엔탈리즘』과 후속 작업들은 포스트식민주의 연구 같은 새로운 분야를 만들어냈다. 그는 저술 활동(지금까지 서른 권 정도가 나왔고 35개 이상의 언어로 번역되었다)과 대중 지식인으로서 적극적으로 사회에 개입함으로써 자유로운 인본주의 이념에 계속 앞장섰다. 강의하는 학자로서, 실천하는 지식인으로서 왕성하게 활동했던 사이드는 둘 사이의 장벽과 경계가 허물어져야 한다고 주장했다. 현대 사회의 지식인은 "권력을 향해 진실"을 말해야 한다는 것이 그의 믿음이었다. 줄리앙 방다처럼 사이드도 지식인은 항상 진실과 정의의 편에 서야 하며, 지나가는 유행이 아니라 권력의 주체가 함부로 뭐라고 할 수 없는 진정한 이념과 가치를 전해야 한다고 믿었다.

에드워드 사이드는 섬세하고 복잡한 인간이었다. 그는 노엄 촘스키, 레이먼드 윌리엄스, 미셸 푸코와 더불어 모더니즘 기획에 비판적인 목소리를 낸 사상가 가운데 한 명이었다. 동시에 모더니티의 압도적인 성공과 참혹한 실패에 공감을 나타냈다. 그가 문학적 작업과 문화비평을 통해 성취하려고 했던 것이 바로 이것이었다. 에드워드는 이슬람이나 아랍을 변호하기보다는 동양과 서양이라는 개념 자체를 공격하고자 했다. 이를 위해 가장 우선적으로 한 일이 비서양 사회에 대한 서양의 지식이 어디서 비롯되었는지 기술하는 것이었다. 오리엔탈리즘은 마치 거울처럼 서양의 권력과 제국주의적 탐욕을 반영한다. 식민지, 제국의 제약에서 벗어나 올바른 지식을 만들기 위해 에드워드는 "용인된 사상과 권위에 기대지 않고 인간의 개성과 주관적 직관의 힘에 의지하는" 인본주의 비판을 활용했다. 그에게 지식인의 본분은 "인간의 자유와 지식을 향상시키는 것이다".

『오리엔탈리즘』 출간 25주년을 축하하는 자리에서 기얀 프라카시*는 자신의 프린스턴 동료 버나드 루이스*를 가리켜 권력에 봉사한 "골수 지식인"이라고 몰아붙였다. 이와 반대로 에드워드는 뼛속까지 대항적인 지식인이었다. 그가 생각하는 지식인은 안토니오 그람시가 말한 "유기적 지식인"*이라는 개념에 부합하는 동시에 이를 확장한다. 즉 지식인이라면 무릇 폭넓은 도덕적 관심을 견지해야 하며 특히 억압받고 불우한 사회의 약자 편에 서야 한다는 것이다. 에드워드는 지식인이 국가에 충성한다는 이유로 비판을 포기해서는 절대 안 된다고 주장했다. 『권력과 지식인』에서 그는 자국의 지식인들에게 "비판 의식을 마비시키거나 긴급한 의무를 소홀히 하려는" 유혹에 저항하라고 촉구하면서 "항상 생존의 문제를 넘어 정치 해방을 추구하고, 리더십을 비판하고, 당면한 싸움에서 부적절하다며 주변으로 밀려나지 않도록 대안을 모색해야 한다"고 주장한다. 그는 현대 지식인들에게 권력과 전문화의 유혹을 뿌리치라고 말한다. 독립적인 지식인들은 "타자의 고통"에 대한 공감을 통해 특정한 때 특정한 나라가 처한 위기에 더 큰 시야를 부여해 보편적으로 볼 줄 알아야 한다. 그는 팔레스타인과 중동에 관련된 문제들을 다룰 때 바로 이런 도덕적 관심에 호소했다.

에드워드 사이드의 『팔레스타인 문제』는 화해의 에세이로 읽어야 한다. 그는 팔레스타인에 대한 유대인들의 주장을 부인하지 않았다. 대신 "그들의 주장대로라면 팔레스타인인들은 재산을 다 빼앗길 수밖에 없다"고 말했다. 자부심 강하고 떳떳한 팔레스타인인이었던 그에게 강성 시온주의자들과 신보수주의자들은 어리석은 공격을 가했다. 그들의 공격은 인본주의에 바탕을 둔 공존의 모델과는 상극이다. 정반대로 에드워드가 다니엘 바렌보임과 손잡고 서동시집 오케스트라를 창설한 예는 문화적 경계를 넘어 함께 사는 공동체를 마련하려는 희망의 모델이었다. 그는 서로를 껴안는 견해들을 여러 차례 표명했다. 1983년에 사이드는 팔레스타인 민족평의회에 참석해 "팔레스타인인들의

기얀 프라카시 Gyan Prakash(1952~): 인도의 역사학자이자 프린스턴 대학교 역사학과 교수.
버나드 루이스 Bernard Lewis(1916~): 중동 정치에 정통한 영국계 미국인 역사학자.
유기적 지식인: 자신이 속한 계급의 이익을 대변하는 당파적인 지식인.

생각은 팔레스타인과 이스라엘이 더불어 살고 서로를 존중하고 인정하는 것"임을 세계가 알아야 한다고 연설했다.
주목할 점은 『팔레스타인 문제』가 아직까지 아랍어로 출간되지 않았다는 사실이다. 아랍 민족주의자들과 일부 과격한 팔레스타인인들은 그가 "시온주의를 부당하게 용인"함으로써 팔레스타인인들의 권리를 저버렸다며 비난했다. 이들에 따르면 사이드는 갈등을 시온주의와 제국주의에 대한 계급투쟁이 아니라 "두 민족 간의" 투쟁으로 바라보는 결정적인 실수를 저질렀다. 팔레스타인 해방인민전선(PFLP)*은 그 원인을 사이드의 "부르주아 인본주의 관점"에서 찾았다. 부르주아 이데올로기에 젖어 "무장 투쟁"을 혐오하고 정치적 해결책을 선호했다는 것이다.
하지만 그가 일찍이 1980년부터 아라파트의 측근들의 비난을 받으면서 두 나라의 공존이라는 해결책을 주장한 밑바탕에는 바로 이런 두 민족의 상호 인정이 있었다. 결국 1988년에 팔레스타인 민족평의회는 '두 나라 해법'을 공식적으로 받아들였다. 사이드는 그만큼 시대를 앞서간 인물이었다.
1982년 이스라엘의 레바논 침공으로 막대한 인명 피해가 발생하자 에드워드 사이드는 스위스의 사진작가 장 모르와 팀을 이뤄 팔레스타인인들의 삶의 모습을 뭉클하게 담아낸 『마지막 하늘 이후』를 출간했다. 2년 뒤에 그는 '이야기하게 하라'Permission to Narrate라는 제목의 글을 발표했다. 그는 팔레스타인인들이 무시와 거부의 대상으로 전락하는 것을 원치 않았다. 그래서 자신의 민족과 문화에 적극적인 목소리를 부여했다.
1987년 12월, 제1차 인티파다가 일어나고 1991년 걸프전이 발발하면서 분위기가 어수선해지자 에드워드는 이러다가 팔레스타인인들의 권리가 날아가지 않을까 노심초사했다. 그래서 1991년 9월, 런던에서 회의를 열고 싶다며 내게 자리를 마련해 달라고 부탁했다. 그는 점령지구에 사는 팔레스타인인들 가운데 선별하고 세계 각지의 이산민들을 초청해 그해 10월에 열릴 예정인 마드리드 평화회의에 팔레스타인 민족 운동이 어떻게 반응해야 할지 의논했다. 참석자들은 PLO가 회의에 참석하되 조건을 내걸도록 촉구했다. 팔레스타인 지도부는 참석하라는 요구를 받아들였지만 조건은 회피했다.
회의가 열리기 직전에 에드워드는 남아프리카공화국을 방문했다. 런던으로 돌아가는 비행기에서 아프리카민족회의 대사가 그의 옆에 앉았다. 그가 대사에게 런던의 회의에서 연설을 해달라고 부탁했던 것이다. 회의에 참석한 모든 사람이 에드워드의 논리에 공감하지는 않았지만 다들 그의 말을 경청했다. 에드워드는 단순한 메시지를 전하고자 했다. 팔레스타인 민족 운동은 중요한 기로에 서 있었다. 군사력을 가동할 수는 없었지만, 현명하면서도 적극적인 투쟁은 여전히 필요한 상황이었다. 그러려면 팔레스타인인들만 나설 것이 아니라 국제적인 여론의 뒷받침이 있어야 했다. 이를 위해 아프리카민족회의의 대표는 국제적인 반아파르트헤이트 운동이 어떻게 조직되었는지 설명했다. 아파르트헤이트 체제와 정치적 교섭을 벌이기 위해 국제적으로 도덕적 여론을 조성하자는 취지였다. 메시지는 분명했다. 요점은 PLO가 마드리드 회의에 참석하는 것과 더불어 반아파르트헤이트 운동에 상응하는 팔레스타인 운동, 즉 이스라엘 점령을 종식시키는 운동이 시작되어야 한다는 것이었다. 외교가 힘을 발휘하려면 본국과 세계에서 더 많은 정치적 역량과 민중 운동이 동원되어야 했다.

런던 회의의 마지막 순서를 앞두고 휴식 시간에 에드워드는 내가 머물던 호텔에 와서 뉴욕에 있는 아내 매리엄과 전화 통화를 했다. 그날의 대화는 그의 삶을 바꿔놓았다. 의사는 그에게 뉴욕으로 돌아오는 즉시 자신을 찾아오라고 했다. 백혈병이 의심된다는 것이었다. 에드워드는 청천벽력 같은 소식을 아무에게도 알리지 말라고 내게 부탁했다. 그가 마음을 추스르고 받아들이기에는 시간이 부족했다. 마지막 순서 때 모든 사람이 그의 태도가 달라졌음을 알아챘다. 그는 사회를 보는 내내 체념한 듯 안절부절못했다. 다들 당혹스러워했다. 에드워드는 실제로 몹시 흔들렸고 위축되었지만, 이런 체념의 태도는 오래가지 않았다. 이런 호사스러움은 그에게 처음이자 마지막이었다. 그 순간부터 그는 살기로 마음먹었다. 비관적인 생각과 싸우며 권력을 향해 진실을 말해야 한다는 사명을 계속 그리고 한층 절박하게 이어갔다. 그는 일반적인 치료와 실험적인 치료를 병행했다. 고통스러운 통원 치료를 받을 때마다 과연 다음까지 견딜 수 있을까 걱정했지만, 매번 치료가 다가올 때면 이렇게 생각했다. "정말 내게 다른 기회가 있을까?" 만성적인 질병에도 그는 "가급적 당면한 문제에 집중하려고 합니다. 아직 해야 할 일도 많고 써야 할 글도 많습니다"라고 말했다. 그는 마지막 날까지 정말로 그렇게 했다. 개인적인 역경에도 굴하지 않은 그의 용기에 전 세계 사람들이 팔레스타인에서 벌어지는 정의의 투쟁에 관심을 보였다. 나는 스프린커가 편집한 사이드의 책에서 첫 장인 '팔레스타인과의 연계성'을 썼다. 사이드가 미국과 서양에서 대중적인 주목을 받게 된 데는 무엇보다 이런 연계성이 크게 작용했다. 팔레스타인의 계관시인* 마흐무드 다르위시는 에드워드에 바치는 찬사에서 이렇게 말했다. "에드워드는 세계의 마음에 팔레스타인을, 팔레스타인의 마음에 세계를 묶었다." 그러나 팔레스타인은 냉정하게 말해서 특히 미국에서 늘 논란의 대상이다. 수년 동안 사이드는 미국 언론에 "아라파트의 측근" 혹은 팔레스타인의 목소리로 비쳐졌다. 하지만

해방인민전선(PFLP): 팔레스타인해방기구(PLO) 내의 좌파 정당.
계관시인 Poet Laureate: 국가나 왕 등에 의해 공식적으로 임명된 시인 또는 그 칭호를 말한다. 본래 영국 왕실이 영국에서 가장 명예로운 시인에게 내리던 칭호로, 그 명칭은 고대 그리스와 로마 시대에 명예의 상징으로 월계관을 씌워준 데서 유래했다.

1993년 이스라엘과 PLO 사이에 "오슬로 협정"이 체결된 이후로 사이드는 런던에서 발행되는 아랍계 신문『알 하야트』, 이집트 관영신문『알 아흐람』,『네이션』,『런던 리뷰 오브 북스』등 다양한 국제 매체에 글을 기고하며 PLO 지도부를 체계적으로 비판했다. 이런 글들의 상당수는 최소한 네 권의 책으로 묶어 발표되었다.

사이드는 PLO가 나쁜 "평화"를 묵인하면서 다른 편에 붙어 과거의 망각을 이야기하고 있다고 보았다. 그는 집단 기억은 이제 팔레스타인인들 사이에서도 빠르게 잊혀지는 중이라고 주장했다. 이는 도저히 용납할 수 없는 일이었다. 그래서 그는 아라파트의 사임을 요구했다.

사이드는 왜 아라파트로부터 돌아섰을까? 그리고 아라파트의 예전의 적들(이스라엘과 미국)은 왜 에드워드를 골칫거리로 여겼을까?

『추방의 정치학』 The Politics of Dispossession은 지난 25년 동안 그가 쓴 에세이 모음집으로 이런 질문에 답하고 있다. 여기서 그는 팔레스타인 운동을 소개하고 논의하고 옹호하고 비판한다. 몇몇 글들은 지금 보면 낡은 감이 없지 않지만, 1967년 전쟁 이후 다시 불붙은 팔레스타인 운동이 지금까지 어떤 역경들을 거쳐 왔는지 시대 순으로 확인할 수 있다. PLO와 팔레스타인 민족이 겪어야 했던 전쟁과 위기에서 보듯 숱한 좌절의 역사였다. 그동안 사이드는 독립과 주권국가를 위해 애써온 팔레스타인 지도부를 지지했다. 그러다가 1991년 PLO 지도부가 국제 평화회의에 참석하는 대가로 미국이 제시한 조건에 순응하자 사이드는 도저히 받아들일 수 없는 조건에 굴복했다며 지도부를 비난했다. 제2차 세계대전 때의 프랑스 비시정권처럼 서안, 가자, 그 밖의 모든 팔레스타인인들의 자결권이라는 자기 민족의 기본적인 목표를 저버렸다고 본 것이다. 실제로 자결권이라는 목표는 팔레스타인의 제한적인 자치로 대체되었다.

『평화와 그 불만 세력』 Peace and Its Discontents은『추방의 정치학』과 짝을 이루는 책이다. 이 에세이 모음집에서 에드워드는 독자들에게 "1993년 백악관 잔디밭에서 있었던 '역사적인 악수' 이후 2년 동안 벌어졌던 반대 목소리의 기록"을 제시한다. 대부분의 사람들과 달리 사이드는 "오슬로 평화 협정"은 정의라고는 찾아보기 어려운 "평화"이므로 심각하게 잘못되었다고 주장한다. 오슬로에서의 비밀 협상에서 현재에 이르기까지 아랍은 불필요하게 머리를 숙였고, 이스라엘은 사실상 "아랍과 팔레스타인이 민족주의와 투쟁에 관해 선언했던 거의 모든 원칙을 내주고 대신 전략적, 전술적 목적을 모두 이루었다"는 것이 그의 주장이다.

우리 역사상 처음으로 지도부가 자결권과 예루살렘과 난민들을 포기해 "최종 지위 협상"의 미결정 부문이 되고 말았다. 최근에 우리가, 1948년 이후 민족주의 운동이라는 이름으로 하나가 되기 위해 싸워왔던 우리 민족이 점령지 주민과 그렇지 않은 사람들로 나뉘는 것을 받아들인 것은 이번이 처음이다. 현재 팔레스타인 민족의 55퍼센트 이상이 여러 지역에 흩어져서 살고 있는데, 이들은 평화 과정에서 배제된, 중요하지 않은 또 다른 존재로 남게 되었다. 20세기에 들어 반식민주의 해방 운동이 자신이 이룩한 것을 폐기하는 것도 모자라, 점령이 종식되기도 전에 이스라엘 정부가 사실상 군사 점령 정부임을 인정하기도 전에 이들과 붙어서 협조하겠다고 합의한 것은 유례가 없는 일이다(오늘날까지도 이스라엘은 점령국임을 인정하기를 거부하고 있다).*

1993년 에드워드는 평화협정 조인식에 참석해 달라는 백악관의 초청을 거부했다. 팔레스타인 민족 모두에게 축하의 날이 아니라 애도의 날이라고 보았기 때문이다. 토니 주트는 에드워드의 에세이 모음집 『오슬로에서 이라크까지』 From Oslo to Iraq and the Road Map의 서문에서 사이드의 용기를 칭찬한다. 그 역시 처음에는 오슬로 협정을 찬성했던 수많은 사람들 중 한 명이었지만, "돌아보니 그가 옳았고 우리가 틀렸다는 것을 부인하기가 어렵다"고 말한다.
솔직하게 밝히자면 나 역시도 오슬로 협정 이후를 그렇게 밝게 보지 않았다. 1993년 백악관에서 조인식이 열리기 전에 나는 '아라파트는 이스라엘인들의 경호원이 될까?'Will Arafat Become the Israelis Enforcer?*라는 제목의 기사를 통해 이런 의구심을 드러냈다. 제목의 물음표는 그나마 유일하게 낙관적인 내 희망을 나타낸다. 그때 이후로 나는 사건의 흐름을 관심 있게 지켜보았고, 팔레스타인 점령지를 수차례 방문해서 협정이 그들의 삶에 어떤 영향을 미쳤는지 살펴보았다. 간단히 말하자면 에드워드가 옳았다. 팔레스타인인들은 평화는커녕 축출과 폐쇄의 두려움에 시달렸고 매일 같이 땅과 자원을 몰수당했다. 갈수록 늘어가는 정착촌과 우회도로, "장벽"이 그들의 땅을 갈라놓았다. 에드워드는 이 모두가 미국의 도움 없이는 불가능하다고 보았다. 미국의 무조건적인 지원 덕분에 이스라엘은 팔레스타인 민족을 영원히 수탈할 수 있게 된 것이다.

에드워드는 아라파트 통치 시절과 그 이후에 팔레스타인 자치정부(PA)를 맹렬히 공격했다. 그는 PLO와 PA의 부패와 어리석음을 꾸짖었다. 아랍 정권들에 대해서도 똑같은 이유로 호되게 몰아붙였다. PA가 이스라엘 점령에 대한 팔레스타인인들의 저항을 진압하는 지역 경찰의 임무를 자청해서 맡았다며 비난했다. 만약 에드워드가 마흐무드 압바스의 체제로 들어선 PA의 변화 행보를 보았다면 더욱 분통을 터뜨렸을 것이다. 이들은 미국의 충고에 따라 하마스를 몰아내는 데 경찰력을 동원하고 있다. 그가 파타와 하마스의 헛된

『평화와 그 불만세력』, 29쪽.
『뉴스데이』, 1993년 9월 5일 기사에서 발췌.

싸움을 보았다면, 자신의 글의 제목을 따서 '자멸적인 무지'라며 한탄했을지도 모른다. 팔레스타인 민족주의 운동은 어려운 시기에 처한 팔레스타인인들을 이끌기는커녕 2007년 8월 가자에서 내부적으로 분열했다. 에드워드는 PLO가 정신을 차리고 이산민들을 포함해서 팔레스타인 민족 전체를 대표하는 기구로 거듭나기를 요구했을 것이다.

말년에 에드워드의 생각은 더 나아갔다. 그는 배제가 아니라 통합을 주장하는 자신의 인본주의 원칙으로 돌아갔다. 옛 팔레스타인, 옛 이스라엘은 허울 좋은 명분일 뿐, 이스라엘과 팔레스타인의 안전과 번영은 서로 떨어질 수 없으며, 한쪽을 일방적으로 희생자로 몰아붙이는 역사는 더 큰 비극과 희생을 낳을 뿐이라고 말한다. 그는 다른 방향으로 물러서면 해결책을 찾을 수 있다고 믿었다. 그래서 두 나라 공존의 안(흔히 '2국가 방안'이라고 부른다)을 지지했다. 지배가 아니라 통합의 담론에 바탕을 두고 서로 화해하는 방법이기 때문이다. 그는 팔레스타인인들과 이스라엘인들이 서로를 적대시하지 않고 어떻게 함께 살 수 있는지 생각해 보라고 우리에게 말한다.) 이런 식으로 대안에 주목함으로써 그는 일찍이 시온주의의 대안을 마음속에 그리고자 했던 19세기와 20세기의 사상가들과 어깨를 나란히 했다.

가브리엘 피터버그*는 두 나라 안을 옹호함으로써 시온주의를 넘어서는 진보적 안을 제시한 유대인 사상가 베르나르 라자르와 이후의 한나 아렌트를 가리켜 "의식적인 추방자"라고 했다. 그러면서 이렇게 덧붙인다. "의식적인 추방자의 관점은 도덕적으로 정치적으로 합당하다. 오늘날에는 특히 더." 하지만 에드워드는 이런 제안을 내놓은 다른 사람들과 달리 구체적인 실행 방안이나 최종 모습을 정치적으로 드러내지 않았다. 여전히 그의 본모습은 우리가 힘을 합쳐 해방과 계몽을 이루어야 한다고 주장하는 민주적 인본주의자였다.『저항의 인문학』의 마지막을 보면 이런 구절이 나온다.

나는 지식인이 임시로 거하는 집은 유감스럽게도 그 안에서 누구도 후퇴하거나 해결책을 찾을 수 없는 긴급하고 저항적이며 비타협적인 예술의 영역이라는 생각으로 끝을 맺겠습니다. 그러나 오직 이 불안정한 추방의 장소 속에서 포착될 수 없는 것의 어려움을 진정으로 먼저 포착할 수 있으며 어찌 되었든 애쓰며 앞으로 나아갈 수 있는 겁니다.

에드워드 사이드의 저술은 방대하며, 대부분의 학자들이 평생 발표하는 것보다 더 많은 책이 그의 사후에 출판되었다. 그는 문학, 음악, 정치, 역사를 오가며 다양한 주제들을 하나로 엮었고, 세상을 이해하려면 불협화음과 협화음 사이에서 균형을 찾아야 한다고 주장했다. 회고록『에드워드 사이드 자서전』에서 그는 이런 복잡한 프리즘을 통해 스스로를 바라보았다. 에드워드는 일관성 있는 단일한 사람이 아니라 여러 존재들이다. 실제로 그의 삶은 자신과 세상의 다양한 차이들을 긍정하고 찬양했다.

교육철학자이자 『자유의 변증법』 The Dialectic of Freedom의 저자인 맥신 그린은 예술을 통해 학습하는 과정에서 세상의 모습이 "불완전한 프로파일들"로 드러난다는 것을 보여준다. 2001년 2월, 남아프리카에서 열린 '책, 비판적 공연, 교육의 미래'라는 제목의 학술대회에서 에드워드는 그린의 의견을 빌어 아래와 같이 말했다.

지난 백 년 동안 우리가 배웠던 커다란 교훈은 그 어떤 제국주의적, 이데올로기적, 인종적, 종교적, 사회경제적 체제도 하나만으로는 세상의 복잡함에 제대로 대처하지 못한다는 것입니다. 세상은 하나의 항목으로 말끔하게 정리할 수 없습니다. 어떤 체제든지 만능이 될 수는 없습니다. 결국에는 야만과 독재로 빠질 수밖에 없는 불완전한 신입니다. 따라서 우리는 세상이 불완전하며, 민족주의든 다른 무엇이든 환원적인 틀로는 담을 수 없는 조각들이 거대하게 이어진 과정으로 존재한다고 보아야 합니다. 비코*가 18세기 중반에 넌지시 말한 바 있지만, 그런이 세상은 학습하는 마음에 불완전한 프로파일들로 스스로의 모습을 드러낸다는 말은 옳습니다.

여기서도 인본주의 학자로서 에드워드가 핵심적으로 생각하는 또 다른 가치가 드러난다. 지배적인 사고방식과 다른 대안 찾기야말로 그가 쓴 모든 단어에 생명력을 불어넣는 가치이다.

누바 호브세피안*
2009년 3월 14일

가브리엘 피터버그 Gabriel Piterberg: 부에노스아이레스에서 태어난 유대인 역사학자로, 현재 미국 캘리포니아 주립대학교 역사학자로 재직 중이다.
지암 바티스타 비코 Giambattista Vico(1668~1744): 이탈리아의 철학자. 데카르트 철학에 반대하여, 사유가 아닌 행위에 진리의 기준을 두었다.
누바 호브세피안: 누바 호브세피안은 채프먼 대학의 정치과학, 국제연구 교수이며 국제연구 석사과정 프로그램 지도 감독을 맡고 있다. 뉴욕 시립대학에서 정치과학을 전공하여 박사학위를 받았다. 『레바논 전쟁』(2007)을 편집했고, 『팔레스타인 국가 형성: 국가 정체성 교육과 구성』을 2008년에 출판했다. 현재 에드워드 사이드를 대중 지식인으로서 조명하는 책을 집필하고 있다. 지금까지 네 권의 책을 아랍어로 출간했는데, 가장 유명한 것은 1979년 이란 혁명에 관한 책이다. 유엔 정무국에서 일했고, 출판업자, 저널리스트, 개발 전문가로 일하고 있다.

옮긴이의 글

후쿠시마 원전 사고와 유럽발 금융위기에 가린 감이 없지 않지만, 중동은 2011년 세계 뉴스의 진원지다. 튀니지, 이집트, 리비아, 시리아에서 유혈사태를 동반한 민주화 혁명이 연이어 일어났고(리비아 독재자 카다피는 이 과정에서 최후를 맞았다), 미국 정보당국은 10년간의 추적 끝에 오사마 빈 라덴을 마침내 사살했다. 이 와중에 백악관은 중동 지역에 대해 새로운 청사진을 제시했다. 지난 5월 오바마 대통령은 이스라엘-팔레스타인 평화협상과 관련하여 1967년 제3차 중동전쟁 이전의 국경선을 기준으로 제시해 이스라엘의 양보를 촉구하는가 싶더니, 최근에는 팔레스타인의 유엔 회원국 신청에 대해 거부권 의사를 밝혀 팔레스타인 독립에 대해 여전히 부정적인 입장을 내비쳤다.

공교롭게도 이런 시기에 에드워드 사이드의 대담집 『펜과 칼』을 작업하게 되었다. 번역하는 동안 지루한 정치적 교착 상태가 계속되고 있는 이스라엘-팔레스타인과 한반도 상황이 자연스럽게 겹쳐 보였다. 국지적인 사건이 가끔 터지는 것을 제외하면 불안정한 국면이 별다른 진전 없이 유지되면서 외부인들은 물론 당사자들마저도 무덤덤해지는 상황 말이다. 문제의 해결을 바라는 측과 현 상태를 계속 유지하기를 바라는 측이 팽팽하게 맞서는 가운데 주변 강대국들의 이해가 복잡하게 얽혀 대립 국면이 이어지고 있다.

한편 영화 「고지전」의 장면도 새록새록

떠올랐다. 가자 지구에서 무관심하게 방치된 채로 비참하게 살아가는 팔레스타인 백성들과 유리된 PLO 지도부 모습을 보면서 영화에서 협상 테이블에 앉은 고위 간부들과 현장에서 전투를 치러야 하는 군인들의 괴리감이 자연스럽게 떠올랐다.

특정한 지역의 특정한 문제를 다루고 있는 이 책은 초판이 1994년에 나왔다. 꽤 오랜 시간이 흘렀는데 그럼에도 새롭게 읽히는 것은 그만큼 우리가(적어도 내가) 팔레스타인에 대해 여전히 모르기 때문일 것이다. 사이드는 희생자의 희생자라는 위치, 슈퍼권력의 비호를 받는 국가를 전략적 동맹도 없이 상대해야 하는 상황, 민족주의 운동으로 시작했다가 독립국가 건설로 목표가 수정된 투쟁의 성격 등 팔레스타인의 특수성을 조목조목 설명한다. 시온주의를 떠받치는 신화를 폭로하는 한편, 미국의 편향적인 언론 보도에 가려진 팔레스타인 사회의 다양한 모습을 알리기 위해 노력한다. 특히 정의와 진실의 편에 서도록 지식인의 책무를 환기시키며 대중에게는 기억과 의심을 통해 비판적으로 정보를 받아들이도록 조언하는 대목은 지금 한국 사회에도 시사하는 바가 적지 않다.

무엇보다 이 대담집의 의의는 학술적인 모습에 가려진 사이드의 인간적인 면모를 보여준다는 점이다. 여기에는 인터뷰어인 데이비드 버사미언의 역할이 큰데, 덕분에 뉴욕에서 이스라엘 출신 택시 운전사를 만났던 에피소드라든가 텔레비전을 통해 백악관에서 협정 조인식을 지켜본 대목, 예루살렘을 방문해서 자기가 태어난 집 앞에 섰을 때 그가 느꼈던 감정을 토로하는 대목이 한층 호소력 있게 다가온다.

정치적이면서 문학적이고 때로는 직접적으로 때로는 에둘러서 논점에 파고드는 그의 문장은 번역가에게 흥미로운 도전이다. 지난 8월에 다니엘 바렌보임과 서동시집 오케스트라가 연주하는 베토벤의 「영웅」 교향곡을 들으며 판문점을 방문한 에드워드 사이드 모습을 상상해봤다. 그가 살아 있었다면 현재 긴장감이 다시 고조되고 있는 팔레스타인 상황에 대해 무슨 말을 할까? 그의 눈에는 한반도의 대치 상황이 또 어떻게 보일까?

2011년 12월
장호연

팔레스타인

분쟁의 역사

미디어에 감춰진 지구 최고의 인권 유린 지역 팔레스타인은 동쪽으로는 요르단강, 남서쪽은 시나이반도, 북쪽은 레바논, 북동쪽은 시리아에 접하고 있다. 유대교, 그리스도교, 이슬람교의 성지가 함께 있어 예로부터 종교-정치적 갈등의 중심이 되었다.

기원전 997년에 다윗왕이 유대국가를 세웠지만, 기원전 6세기경 멸망하고, 기원전 100년 무렵엔 로마의 지배를 받게 된다. 서기 135년, 두 차례에 걸친 유대전쟁에서 결국 로마에 패한 유대인들은 세계 각지로 흩어지게 되었다.(이를 디아스포라[이산]라고 한다.) 637년 이슬람교 아래 단결한 아랍인들이 로마를 격파한 이래로 팔레스타인은 아랍인들의 땅이었지만, 여러 문화가 질서를 유지한 채 공존하고 있었다. 하지만 19세기 후반 들어 '시오니즘' 운동이 전개되고 유대인들이 팔레스타인으로 이주하기 시작하면서 새로운 국면을 맞이한다.

제 1차 세계대전이 한창이던 1917년 영국의 외무상 아서 밸푸어는 팔레스타인 땅에 유대인들의 민족국가를 인정한다는 내용의 선언을 발표하는데, 이는 미국 내 유대인들의 환심을 사 미국의 참전을 유도하기 위한 것이었다. 그러나 영국은 독일 편에 서 있던 오스만제국 내에서 아랍인들의 반란을 지원하면서 아랍인에게도 팔레스타인을 포함한 독립국가 건설을 약속했다(맥마흔 선언). 이처럼 영국이 모순된 정책을 펼친 것은 전황을 유리하게 전개시키면서

전후 중동지역의 패권을 장악하려는 의도였으며, 그 결과 아랍인의 희생이 늘어났다.

그러나 영국은 제1차 세계대전이 종결되자 약속을 모두 저버리고 1920년 4월 상레모 회의에서 팔레스타인을 이라크 및 요르단과 함께 자국의 위임통치 지역으로 편입시켰다. 이후 영국은 팔레스타인 지역으로 이주해오는 유대인들에게 유리한 정책을 취하였다. 이에 따라 유럽의 유대인들이 대거 이 지역으로 이주해오기 시작했으며, 러시아와 폴란드에서 일어난 반유대인 운동, 1933년 이후 자행된 나치 독일의 홀로코스트는 유대인의 이주를 더욱 가속시켰다.

제2차 세계대전이 끝날 무렵, 유대인은 팔레스타인 인구의 31%, 토지의 6%를 차지하고 있었다. 종전 후 홀로코스트를 겪은 유대인에 대한 동정론이 국제사회에 확산되면서, 결국 1947년 UN에서 팔레스타인 분할과(아랍지구 48% 대 유대지구 52%) 이스라엘 건국을 승인하게 되었다. 그러나 유대인만의 왕국을 건설하고자 하는 시오니즘 운동은 팔레스타인 지역에서 아랍인들을 완전히 몰아내길 원했다.

1948년 5월 14일, 텔아비브에서 다비드 벤구리온을 총리로 하는 이스라엘 독립이 선포되었고 곧바로 팔레스타인 지역은 전쟁의 포화에 휩싸인다. 유대국가의 건설을 반대하는 이집트, 요르단, 사우디아라비아, 시리아, 레바논 등 아랍국가와 이스라엘 사이의 제1차 중동전쟁은 9개월 만인 1949년 2월 14일 UN의 중재로 끝나지만, 이 전쟁의 결과 이스라엘은 팔레스타인 지역의 80퍼센트를 차지하게 되었고, 300만 명에 달하는 팔레스타인인들은 삶의 터전을 잃고 난민으로 전락한다. 이후 1974년까지 4차례의 중동전쟁을 치르면서 이스라엘은 시리아의 골란 고원, 요르단 강 서안지구, 가자지구, 시나이 반도를 점령하여 팔레스타인 지역의 대부분을 차지하게 된다.

한편 팔레스타인 독립국가의 건설을 목표로 1964년에 결성된 '팔레스타인해방기구'(PLO)가 세계 곳곳에서 대 이스라엘 투쟁을 전개하고 이스라엘도 1982년 레바논의 PLO 본부를 공격하는 등 갈등은 깊어졌다. 1987년 12월에는 이스라엘의 점령지역에서 이스라엘군의 차량에 치여 팔레스타인인 4명이 사망한 사건을 계기로 팔레스타인인들의 집단적인 반이스라엘 투쟁 '인티파다'가 일어났고 이후에도 이스라엘과 팔레스타인 사이의 충돌은 계속됐다.

팔레스타인의 저항을 무마하기 위해 미국이 개입하게 되었고, 이스라엘의 라빈 총리와 아라파트 PLO 의장은 1993년 9월 13일 백악관에서 '영토와 평화의 교환'을 원칙으로 한「팔레스타인 자치 확대에 관한 원칙 선언」(일명 오슬로 협정)에 합의하게 된다. 일견 이 협정으로 인해 이스라엘은 PLO를 합법적인 팔레스타인 정부로 인정하고 팔레스타인 자치국가 건설에 합의하며, PLO도 이스라엘의 존재 근거를 인정하여 공존의 가능성을 제시하는 것처럼 보인다. 하지만 에드워드 사이드가 기회가 있을 때마다 밝히듯이 실제로는 이스라엘에 팔레스타인이 영구적으로 종속될 가능성이 있었다.

이 협정에 따라 이스라엘은 점령지에서의 철군을 진행했고 팔레스타인은 1996년 2월 잠정 자치정부를 세우게 되었다. 그러나 팔레스타인해방기구(PLO)가 팔레스타인 자치정부(PA)로 이름을 바꿔 제한적인 자치를 하고 있을 뿐, 점령지로부터의 이스라엘군 철수, 점령지 반환, 자치권 확대 등 구체적인 이행은 아무런 진전이 없었다.

1995년 11월, 오슬로 협정 서명 당사자인 이스라엘의 이츠하크 라빈 총리가 이스라엘 극우파에 의해 암살당하면서 잠시 찾아왔던 평화는 다시 깨졌다. 뒤이어 집권한 이스라엘 우파연합의 베냐민 네타냐후 총리가 팔레스타인으로의 점령지 반환을 거부하면서 협정의 이행은 교착상태에 빠지고 만 것이다. 더욱이 1997년 3월 네타냐후 총리가 동예루살렘 지역에 유대인 정착촌 건설을 강행하자 이에 반발한 팔레스타인 측도 일체의 협상을 거부하고 대이스라엘 저항을 선언하기에 이른다. 빌 클린턴 미국 대통령의 중재로 1998년 10월 '영토와 평화의 교환' 협정의 최종 협상문을 작성하지만 동예루살렘 지역의 주권에 대한 양측의 팽팽한 대립으로 결국 결렬되고, 2000년 9월 아리엘 샤론 당시 리쿠드당 당수가 동예루살렘의 알 아크사 사원에 방문하면서 2차 인티파다가 발생해 유혈 충돌은 최고조에 달했다.

2001년 아리엘 샤론이 이스라엘 총리에 선출되면서 팔레스타인 지역의 평화는 점점 더 멀어져간다. 미국이 이라크를 침공한 사이 이스라엘은 가자지구 등지에서 팔레스타인 유혈살상을 멈추지 않았다. 수년에 걸친 2차 인티파다 기간 동안 이스라엘 군은 팔레스타인 민간인 수천 명을 학살한 것으로 밝혀졌다. 팔레스타인의 저항을 약화시키기 위해 2003년 3월 미국과 유엔, 러시아, 유럽연합 등 국제사회는 '중동평화 로드맵'을 마련했으며, 2005년에는 '중동평화 로드맵'의 권고에 따라 이스라엘은 명목상 군대를 가자에서 철수했지만 장갑차와 폭격기, 미사일 등을 통한 공격을 지속했다. 2008년 12월 28일, 이스라엘은 팔레스타인 측의 로켓포 공격을 중단시키겠다는 명목으로 가자지구 공습을 자행하고 이듬해 1월 3일 지상군을 진주시킨다. 이때 이스라엘군은 가자의 유엔 본부까지 공격했다. 2009년 2월 이스라엘 총선에서 우파 당수 베냐민 네타냐후가 재집권하게 되고, 이듬해 2월 이스라엘은 두바이에서 하마스 지도자를 표적 암살하고, 5월에는 가자로 가는 구호선박을 공격해 9명을 사살하는 등 탄압은 여전히 진행 중이다. 팔레스타인에 대한 이스라엘의 잔인한 박해는 철저히 미국의 비호 아래 이루어지고 있다. 미국은 2004년 한 해에만 27억 달러를 이스라엘에 정치, 경제, 군사적으로 지원하고 있으며, 미국 내 언론은 이스라엘의 팔레스타인인에 대한 무차별적인 학살에는 침묵하고 팔레스타인인의 이스라엘에 대한 테러만 일방적으로 과장 보도하는 등 이중적인 모습을 보이고 있다. 이러한 미국의 대이스라엘 지원은 중동지역의 석유자원뿐만 아니라 이스라엘을 통한 다른 중동 국가들의 견제라는 정치적 배경을 갖고 있다. 미국의 노골적인 반대로 UN에서 결의된 이스라엘의 팔레스타인인 학살과 추방에 대한 규탄 성명서는 번번이 채택되지 못했고, 또 이스라엘이 핵무기를 보유했다는 의혹에도 불구하고 단 한 번도 국제원자력기구의 사찰을 받지 않았다. 현재 이스라엘과 팔레스타인간의 핵심 쟁점은 이스라엘이 팔레스타인에 양도하는 영토의 범위와 시기, 이를 바탕으로 하는 팔레스타인의 독립국가 선포시기 및 이슬람, 기독교, 유대교의 성지인 예루살렘 문제에 대한 타협이다. 그러나 지금처럼 미국이 일방적으로 이스라엘만을 비호하는 이상 팔레스타인 문제가 원만히 해결될 가능성은 없다.

팔레스타인 – 이스라엘

분쟁 연대표

1897. 8
제1차 시온주의자회의(스위스 바젤)에서 팔레스타인 지역에 유대 국가를 건설한다는 이른바 '바젤계획'을 채택.

1914. 7. 28
오스트리아의 세르비아에 대한 선전포고로 제1차 세계대전 발발.

1915. 10. 24
맥마흔 선언을 통해 영국은 아랍인의 독립국가 건설 지지 약속.

1917. 11. 2
벨푸어 선언을 통해 유대인에게 팔레스타인 지역의 귀속권 보장.

1918. 11. 11
제1차 세계대전 종전.

1920. 4
영국이 상 레모 회의에서 팔레스타인 지역으로 이주해오는 유대인에게 유리한 정책을 취하면서 유대인들의 팔레스타인 지역으로 대규모 이민이 시작.

1939. 9. 1
독일의 폴란드 침공으로 제2차 세계대전 발발.

1945. 8. 15
제2차 세계대전 종전.

1947. 11. 29
2차 UN안보리 총회에서 팔레스타인 지역을 아랍인 구역과 유대인 구역으로 분리하는 분할 독립안 가결.

1948. 5. 14
이스라엘 건국. 건국 직후 이집트를 비롯한 7개 아랍 국가들이 이스라엘 건국에 반발하며 제1차 중동전쟁 발발.

1949. 2. 14
UN의 중재로 이스라엘과 이집트 간에 휴전협정이 체결되고, 이어서 레바논, 요르단, 시리아와도 휴전협정이 성립, 이 전쟁으로 이스라엘은 팔레스타인 지역의 80퍼센트를 차지, 팔레스타인 난민 300만 명 발생.

1956. 10
이집트, 수에즈 운하 국유화 선언. 영국과 프랑스가 이집트를 공격하면서 발생한 '수에즈 전쟁'으로 불리는 2차 중동전쟁에 이스라엘도 합세, 미국과 소련이 영국, 프랑스, 이스라엘의 대 이집트 군사공격을 비난하고 군사력 철수 압력을 가함으로써 전쟁은 종결. 이스라엘은 이 전쟁으로 이집트의 시나이 반도를 점령.

1964. 5
팔레스타인해방기구(PLO) 창설

1967. 6. 5
3차 중동전쟁 발발, 이 전쟁으로 이스라엘은 가자지구와 서안지구 등 본토의 5배에 달하는 지역을 점령.

1969
야세르 아라파트, PLO 의장 취임.

1972. 9. 5
뮌헨올림픽 기간 중 팔레스타인 '검은 9월단'이 이스라엘 선수촌 습격.

1973. 10. 6
4차 중동전쟁 발발.

1973. 10. 17
OPEC(아랍석유수출국기구)에서 유대인이 팔레스타인 지역에서 떠날 때까지 석유가격 인상과 석유생산량 감소를 발표. (1차 석유파동)

1979. 3. 26
캠프데이비드 협정 체결. 이스라엘, 시나이 반도를 이집트에 반환.

1980 ~ 1981
이스라엘, 3차 중동전쟁과 4차 중동전쟁에서 점령한 동예루살렘과 가자지구 및 골란 고원 합병 선언.

1987. 12
이스라엘군 장갑차에 의한 팔레스타인인 사망사건을 계기로 1차 인티파다 발생.

1988. 11
팔레스타인민족평의회(PNC), 팔레스타인 독립국 선포.

1993. 9. 13
오슬로 협정 체결.

1994
아라파트 PLO 의장, 팔레스타인 자치정부 수립 선언.

1994
아라파트 PLO 의장, 이츠하크 라빈 이스라엘 총리, 시몬 페레즈 이스라엘 외무장관 노벨평화상 공동수상.

1995. 11. 4
텔아비브에서 열린 중동평화회담 연설 도중 이스라엘 극우파에 의해 이스라엘 라빈 총리 암살.

1996
선거를 통해 팔레스타인 자치정부 출범. 아라파트 초대 자치정부 수반으로 선출.

2000. 9
아리엘 샤론의 알 아크 이슬람 사원 방문을
계기로 2차 인티파다 발생.

2004. 11. 11
아라파트 PLO 의장 사망.

2005. 8
이스라엘, 가자지구에서 완전 철수
발표(철수하면서 분리장벽과 검문소를 설치해
식량, 물, 전력, 심지어 UN의 구호품까지 모든
물자보급 차단).

2006. 1. 25
팔레스타인 자치정부 총선에서 하마스 승리.

2006. 7
이스라엘, 헤즈볼라 소탕을 이유로
레바논 공격.

2008. 6. 19
이스라엘-팔레스타인 휴전협정 체결.

2008. 12. 27
하마스, 팔레스타인의 휴전 거부.

2009. 1. 14
이스라엘, 팔레스타인에 대한 대대적인 공격
감행. 975명 사망, 4,400여명 부상.

2010. 5. 31
이스라엘군이 공해를 통해 팔레스타인
가자지구로 향하던 구호선 공격.
국제 평화운동가를 포함한 15명 사망,
36명 부상.

2011. 5. 20
미국 오바마 대통령이 중동정책 관련 연설에서
이스라엘-팔레스타인 국경은 1967년 그린라인에
기초해야 한다고 발표(이에 유대계는 크게 반발).

2011. 9. 23
팔레스타인, 유엔 정식 회원국 가입 신청.

찾아보기

ㄱ

그람시, 안토니오
Antonio Gramsci 80, 121, 159
그린, 그레이엄 Graham Greene 69
『조용한 미국인』 The Quiet American 69

ㄴ

나세르, 압델 Abdel Nasser 64, 115
나세르주의 Nasserism 19
나이폴, V.S.
Vidiadhar Surajprasad Naipaul 71, 72, 73, 78
『거인의 도시』A Bend in the River 72
『신도들 사이에서』 Among the Believers 71, 78
나크바 nakba 83
남서아프리카인민기구(SWAPO)
Southwest African People's Organization 44
네루다, 파블로 Pablo Neruda 51
『네이션』 the Nation 143, 162
『뉴스위크』 Newsweek 33
『뉴욕타임스』 the New York Times 23, 72, 128

ㄷ

다르위시, 마흐무드
Mahmoud Darwish 20, 29, 99, 137, 157
드 토크빌, 알렉시스 Alexis de Tocqueville 57

ㄹ

라빈, 이츠하크 Yitzhak Rabin 86, 174
라자르, 베르나르 Bernard Lazar 164
람라 Ramla 87
『런던 리뷰 오브 북스』
London Review of Books 162
루이스, 버나드 Bernard Lewis 75, 78, 159
리노위츠, 솔 Sol M. Linowitz 116
리다 Lydda 87
리쿠드당 Likud party 35, 40, 103, 174

ㅁ

마드리드 평화회의
Peace Conference at Madrid 100, 148
마팜 Mapam 151
만델라, 넬슨
Nelson Mandela 44, 77, 141, 154
메레츠당 Meretz party 88
모르, 장 Jean mohr 160
무슬림형제단 Muslim Brotherhood 73
미아리, 모하메드
Mohammed Miari 83, 84
민족자결권 self-determination 116
민족해방전선(FLN) the National Liberation Front 51, 63, 66, 114
밀, 존 스튜어트 John Stuart Mill 57
밀슨, 메나헴 Menachem Milson 22

ㅂ

바넷, 리처드 Richard Barnet 71
바렌보임, 다니엘
Daniel Barenboim 157, 159, 167
방다, 줄리앙 Julien Benda 68, 158
『지식인의 반역』 La Trahison des Clercs 68
밴스, 사이러스 Cyrus Vence 116
버클리, 윌리엄 William Frank, Jr. Buckley 24
번디, 콜린 Colin Bundy 46
베이루트 Beirut 44, 98, 147
베이커, 제임스 Baker James 80, 93
베첼렘 B'Tselem 89
벤베니스티, 메론 Meron Benvenisti 37, 109
부시, 조지 H.W. George H.W. Bush 100, 109
블런트, 윌프리드 스카웬
Wilfrid Scawen Blunt 58
블레이크, 윌리엄 William Blake 56
비스와나단, 가우리 Gauri Viswanathan 59
『정복의 가면』 Mask of Conquest 59
BBC 93, 146, 148

ㅅ

사다트, 안와르 엘 Anwar el-Sadat 117
사르트르, 장 폴 Jean Paul Sartre 58
사이드, 매리엄 Said Mariam 147, 161
사이드, 에드워드
'나의 스승' My Guru 157, 158
'이야기하게 하라' Permission to Narrate 160
'자멸적인 무지' Suicidal Ignorance 164
『권력과 지식인』
Representations of the Intellectual 159
『마지막 하늘 이후』
After the Last Sky 25, 42
『문화와 제국주의』
Culture and Imperialism 55, 62, 130, 148
『에드워드 사이드 자서전』
Out of Place 156, 165
『오리엔탈리즘』 Orientalism 5, 33, 55, 133
『오슬로에서 이라크까지』
From Oslo to Iraq and the Road Map 163
『이슬람 보도』 Covering Islam 146
『저항의 인문학』
Humanism and Democratic Criticism 164
『추방의 정치학』
The Politics of Dispossession 162
『팔레스타인 문제』
The Question of Palestine 28, 160
『평화와 그 불만 세력』
Peace and Its Discontents 162
『희생자들을 비난하기』
Blaming the Victims 152
샤론, 아리엘 Ariel Sharon 111, 174
샤미르, 이츠하크 Yitzhak Shamir 40, 88
샤스, 나빌 Nabil Shaath 104, 110, 126
세계은행 World Bank 106, 129
세제르, 에메 Aime Cesaire 50
스위프트, 조너선 Jonathan Swift 29, 84
『걸리버 여행기』 Gulliver's Travels 39
시온주의 Zionism 21, 44, 88, 159
CNN 119

ㅇ

아렌트, 한나 Harinah Arendt 164
아부 루고드, 이브라힘
Ibrahim Abu-Lughod 156
아자미, 푸아드 Fouad Ajami 72
아파르트헤이트 apartheid
47, 77, 89, 141
아프리카민족회의(ANC)
African National Congress 44, 107, 141
아흐마드, 에크발 Eqbal Ahmad 8, 140
알 아사드, 하페즈 Hafez al-Assad 100, 131
『알 아흐람』 Al-Ahram 157, 162
『알 하야트』 al-Hayat 162
알 후트, 샤피크 Shafiq al-Hout
100, 116, 126, 157
압델 카데르, 에미르 Emir Abdel Kader 63
압바스, 마흐무드
Mahmoud Abbas 102, 164
야파 Jaffa 81, 111
에머슨, 글로리아 Gloria Emerson 86
에반, 아바 Abba Eban 40
엘 아르드 El Ard 19
엘리엇, T.S. Thomas Stearns Eliot 90, 122, 155
예루살렘 Jerusalem 51, 95, 126
예리코 Jericho 96, 105, 134
예이츠 William Butler Yeats 42
'레다와 백조' Leda and the Swan 42
오리엔탈리즘 Orientalism 22, 55, 133, 153
오스틴, 제인 Jane Austen 57, 61, 155
『맨스필드 파크』 Mansfield Park 61
오슬로 (평화) 협정
Oslo Accords 9, 93, 136, 153
오즈, 아모스 Amos Oz 41, 93
요르단 강 Jordan River 105, 109
『워싱턴포스트』 the Washinton Post 72
윌, 조지 Will George 24
윌리엄스, 레이먼드 Raymond Williams 90
유엔 (안보리) 결의안
Security Council resolutions 37, 87, 130
『율리시스』 Ulysses 27, 89

이슬람구국전선(FIS)
Front Islamique du Salut 66
이야드, 아부 Abu Iyyad 117
인도 국민의회 Indian National Congress 62
인티파다 Intifada 9, 77, 99, 174

ㅈ

자발랴 Jabalya 111
제2차 세계대전 World War II 45, 62, 162
주트, 토니 Tony Judt 163
지하드, 아부 Abu Jihad 117, 147

ㅊ

촘스키, 노엄 Noam Chomsky 23, 39, 68, 140

ㅋ

카나파니, 가산 Ghassan Kanafani 20
카뮈, 알베르 Albert Camus 63, 155
『이방인』 L'Etranger 64
『적지와 왕국』 L'Exil et le Royanme 65
『페스트』 La Peste 64
카터, 지미 Jimmy Carter 70, 116
카터, 호딩 Hodding Carter 116
카하네, 메이어 Meir Kahane 48
캠프데이비드 협정 Camp David Accords 116
콘래드, 조지프 Joseph Conrad 57, 59, 155
『노스트로모』 Nostromo 59, 60
『암흑의 핵심』 Heart of Darkness 59, 60, 61
크네세트 Knesset 27, 83, 84
크리스토퍼, 워런 Warren Christopher 103, 119
클린턴, 빌 Bill Clinton 95, 127, 148
키신저, 헨리 Henry Kissinger 116
키플링, 러디어드 Rudyard Kipling 57

ㅌ

『타임』 Time magazine   91
탈비야 talbiya   81, 46
『투데이 쇼』 Today Show   46
트라우트, 조앤 Joann Trout   38
『분노의 날』 Days of Rage   38

ㅍ

파농, 프란츠 Frantz Fanon   51, 68, 119
『대지의 저주받은 사람들』
Les Damne's de la Terre   68
파이즈, 아메드 Faiz Ahmed Faiz   147
파타 Fatah   12, 135
팔레스타인 공산당
Palestine Communist Party   112
민족평의회(PNC)
Palestinian National Council   96, 99, 159
자치정부(PA) Palestinian Authority   10, 103
해방군 Palestine Liberation Army   108
해방기구(PLO) Palestine Liberation Organization
141, 161, 173
해방인민전선(PFLP) Popular Front for the
Liberation of Palestine   160
패프, 조 Joe Papp   38, 153
페레스, 시몬 Shimon Peres   130
펠레드, 마티 Mattityhu Peled   27, 153
포스터, E.M. Edward Morgan Forster   62
『하워즈 엔드』 Howard's End   62
푸코, 미셸 Michel Foucault   158
프라이스 존스, 데이비드
David Pryce-Jones   33
『닫힌 집단』 The Closed Circle: An Interpretation
of the Arabs   33
프리드먼, 토머스 Thomas Friedman   93
플라판, 심하 Simha Flapan   151
피스 나우 Peace Now   103, 151
피터버그, 가브리엘 Gabriel Piterberg   164
핀들리, 폴 Paul Findley   25
『용기 있게 외치다』 They Dare to Speak Out   25

ㅎ

하가나 Haganah   87
하마스 Hamas   12, 73, 108, 164
하위, 어빙 Irving Howe   72
하이파 Haifa   81, 111
하카와티 극단 Hakawati Theater   38, 153
『하퍼스』 Harper's magazine   80, 146
헤즈볼라 Hezbollah   73
홀로코스트 Holocaust   26, 83, 173
후세인, 사담 Saddam Hussein   99, 127
히브리어 Hebrew language   83

펜과 칼

에드워드 W. 사이드, 데이비드 버사미언 지음
장호연 옮김

초판 1쇄 인쇄 2011년 12월 10일
초판 1쇄 발행 2011년 12월 12일

발행처: 도서출판 마티
출판등록: 2005년 4월 13일
등록번호: 제2005-22호
편집: 이창연
마케팅: 오주형
디자인: 땡스북스 스튜디오

주소: 서울시 마포구 서교동 481-13번지 2층 (121-839)
전화: (02) 333-3110
팩스: (02) 333-3169
이메일: matibook@naver.com
블로그: http://blog.naver.com/matibook
트위터: http://twitter.com/matibook

THE PEN AND THE SWORD
Copyright © 2003, Edward W. Said and David Barsamian
All rights reserved
This Korean translation published by arrangement with Edward W. Said and David Barsamian c/o The Wylie Agency (UK) through Milkwood Agency.

ISBN 978-89-92053-51-8 (94900)

값 15,000원

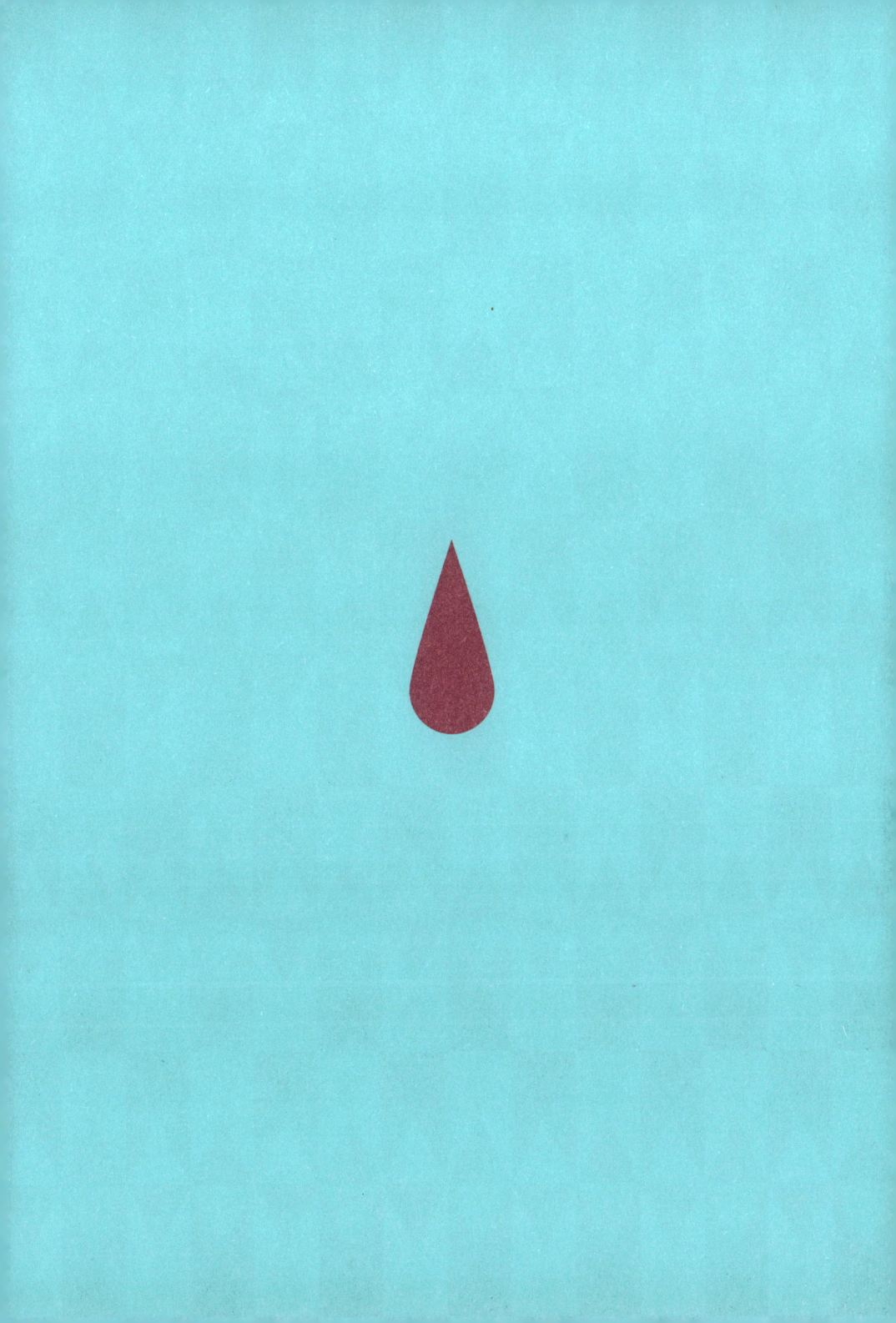